快乐体操
教学指导手册
（辅导员、初级教练员）

英士博(上海)体育管理有限公司　　编著
国家体育总局体操运动管理中心(中国体操协会)　　审定

人民体育出版社

图书在版编目(CIP)数据

快乐体操教学指导手册：辅导员，初级教练员用书/英士博(上海)体育管理有限公司编著；国家体育总局体操运动管理中心审定. –北京：人民体育出版社，2017（2021.1.重印）
ISBN 978-7-5009-5168-1

Ⅰ.①快… Ⅱ.①英… ②国… Ⅲ.①体操–儿童教育–教学参考资料 Ⅳ.①G83

中国版本图书馆 CIP 数据核字(2017)第 122930 号

*

人民体育出版社出版发行
北京建宏印刷有限公司印刷
新 华 书 店 经 销

*

787×1092 16 开本 9 印张 200 千字
2017 年 12 月第 1 版 2021 年 1 月第 4 次印刷
印数：2,501—3,500 册

*

ISBN 978-7-5009-5168-1
定价：60.00 元

社址：北京市东城区体育馆路 8 号（天坛公园东门）
电话：67151482（发行部） 邮编：100061
传真：67151483 邮购：67118491
网址：www.sportspublish.cn
（购买本社图书，如遇有缺损页可与邮购部联系）

快乐体操
RECREATIONAL GYMNASTICS

  Logo创意源自"绽放的花朵"和"舞动的体操选手";Logo的造型设计为一束简约美丽的花朵,花蕊中暗藏体操选手的身姿,传达出快乐体操的特征与本质;同时将快乐的另一个单词"happy"首字母融入花朵之中,体现出快乐体操以"快乐"为主要中心思想,注重青少年在积极乐观的基础上健康快乐地成长;Logo整体优美大方,很好地传达出快乐体操的精神。

  吉祥物是由一男一女两个卡通人物以体操队员造型为基础进行设计,男生采用蓝色体现出健康积极向上的精神,女生采用红色,体现出热情活力的一面,整体简单明朗,体态轻盈。展现了一种健康快乐的氛围;体现出现代青少年儿童追求德智体全面发展的生活方式。

编委会

主　任：
　　罗超毅

执行主任：
　　王童洁

主编：
　　蔡玉军　上海体育学院
　　高希彬　上海师范大学

编委：
　　田　肩　李　凯　佘晶晶　荆　博　姚学武　孙学静

审稿：
　　余梦兰

技术支持：
　　程　亮　英士博国际集团
　　Jeff Thomson　国际体操联合会技委会委员
　　黄兆辉　英士博国际讲师团
　　Toshiyuki Fujihara　日本大阪体育大学
　　Scott Whiteside　加拿大莱斯布里奇大学
　　David Sykes　加拿大阿尔伯塔大学
　　Nicole Kupchanko　英士博国际集团
　　Sara Franklard　英士博国际集团
　　John Solet　美国洛杉矶麦克尼斯州立大学
　　Miguel Constante　加拿大首都体操中心
　　June Tiefenbach　英士博国际讲师团

鸣谢：
　　中国体操协会快乐体操推广委员会讲师团

拍摄模特：
　　何沛蓉

序

过去人们对体育的认识是强身健体,直到美国科学家约翰-瑞迪在《运动改造大脑》这本书中提出,"参加体育运动对孩子智力的发育影响极大。"人们对于运动才有了更深入的理解。

那么,到底该给孩子选择什么样的运动呢?

我认为,在这些体育运动中,"快乐体操"是其中最适合的体育运动之一。

"快乐体操"在国外率先发展起来,当这个理念输入我国以后,如雨后春笋般地发展起来,直至2016年,全国共有大约35家以上的快乐体操俱乐部。越来越多的人认可这项运动,参与其中并因此受益。对于"体操"的印象也不再是孩子含着泪练习劈叉,远离家乡,在严格的教练的监督下生活,以求有机会得一块奥运金牌。

大众对于我国传统的体操观念开始有所改变是一个很好的现象,因为参加体育运动争金夺银,成为比赛冠军的,其实只有千分之一,万分之一,甚至十万分之一。一味地追求竞技性并非明智之举,应该让孩子们重在参与,重在顺其自然。

都说"田径是运动之母、体操是体育之父。"先后担任过国家体育总局田径运动管理中心主任和体操运动管理中心主任的我深谙这句话的道理。国际上认可的基本体育技能大概有30多个,体操覆盖率是最高的。体操是一项能够培养孩子保持身材、提高平衡能力,并帮助大脑发育很有效的运动项目。我们可以设想,如果7岁以前的学龄前儿童到了小学都来玩体操,他的基本运动能力会很强,等他长高了像姚明一样,他打篮球去就是了,有力量去练田径,练什么项目都行,所以体操是基础中的基础。

而"快乐体操"又不同于"竞技体操",其教学内容具有趣味性和娱乐性,教学方法具有灵活性和多样性,锻炼过程具有欢娱性和自觉

性，锻炼器材具有安全性和多彩性，教学结果主要体现参与锻炼者的满意度。与传统体校为奥运争光计划培养后备人才的目标不同，体操中心着力推动快乐体操及俱乐部的发展，就是希望为孩子们提供一个课外活动的体育方式和快乐玩耍的健身场所。

虽然"快乐体操"近几年来的发展非常迅速，但是由于"快乐体操"本身还是属于新鲜事物，相关的丛书较少或系列教材较少，许多想要参与这项运动的人们较难找到准确、可靠的学习参考资料。

为改善这一情况，在与国家体操运动管理中心商议的基础上，英士博国际团队联合全国试点推广省份共同研制辅导员和初级教练员教学指导手册、教案指导手册、培训指导手册等系列教材。

这是里程碑式的一步！

本书主要针对快乐体操辅导员、初级教练员这一对象，国内外专家团队通过前期研发、总结并精心考量、修改后编写成册，引导读者掌握快乐体操的理念、教学理论及教学实践。而图文并茂的展现方式也让我们更容易理解，并且不会感到乏味。读完之后我也受益匪浅，迫不及待地想要推荐给更多的人，共同开启一段感受这项运动特有魅力的奇妙之旅。

感谢编写团队付出的努力，我相信越来越多的人将因为这本书直接或间接地走进体操的世界，这是很值得高兴的！

预祝中国体操事业越办越好！

罗超毅 博士
国际体操联合会副主席

前 言

体操是我国奥运优势项目,在历届世界大赛中争金夺银,为我国赢得了巨大的荣誉。同时我们也看到,我国在体操项目的普及与其在国际体坛上的优势地位并不相符,这种普及与提高的矛盾或将成为制约我国体操项目发展的重要因素之一,对我国竞技体操后备人才的培养的负面效应开始显现,也与我国由体育大国向体育强国转变的总体思路不相符合。

体操被誉为"体育之父",地位"显赫",内容"丰富"。但在我国的发展过程中,其开展形式相对"呆板",大众的认识较为"片面",是制约我国体操普及的主要因素。快乐体操,以其先进的理念和快乐的形式让体操在我国重新产生了生命力。快乐体操,出发点不在于竞技,通过体操的内容,让孩子在快乐的玩耍中习得基本动作/运动技能,养成良好地意志品质,对于孩子的成长具有显著的作用。

快乐体操的理念在我国初步确立后,迅速生根发芽,到2016年,中国有35家以上快乐体操俱乐部。大众对我国传统的体操观念开始有所改变,走进快乐体操俱乐部的孩子越来越多,越来越多的人享受到了体操的乐趣。

国家体育总局体操运动管理中心(中国体操协会)非常重视快乐体操的发展,进行了大力扶持,成立了快乐体操推广委员会,并多次召开快乐体操发展研讨会,颁布了《全国快乐体操等级锻炼标准》,举办了多期快乐体操辅导员和教练员的培训班并组织快乐体操赛事。在国家体育总局青少司的大力支持下,目前已设立了73所"全国快乐体操试点学校、幼儿园"。因此有必要对快乐体操辅导

员和教练员的教学进行规范和指导，从而使得快乐体操朝着良好的方向发展。由此，本书应运而生。

本书主要针对快乐体操辅导员、初级教练员这一对象，立足于让他们掌握快乐体操的理念、教学理论及教学实践而编写。编写组先后在上海、北京等地召开快乐体操辅导员、初级教练员教材会议，结合快乐体操的发展和新的体育发展理念，认真讨论，集思广益，经过反复的讨论和修订之后，最终确立了教材现有的主要框架和内容概要。主要包括以下四章内容：第一章为概述，属于宏观理念层，主要阐述快乐体操的产生与发展、内容与特点、价值与理念；第二章为教学理论，属于中观理论层，主要从教学目标与原则、教学组织与方法、教学设计与评价三方面进行了归纳；第三、第四和第五章属于实践操作层，分别阐述了基本动作技能、初级运动技能和初级体能教学实践，实例丰富，辅导员和初级教练员可以在教学实践中根据孩子的实际情况有选择性的使用。

本书由上海体育学院蔡玉军副教授和上海师范大学高希彬副教授共同负责组织策划、拟定提纲和统稿；上海体育学院研究生田肩、佘晶晶、李凯、荆博、姚学武及上海师范大学研究生孙学静配合查找资料、内容编写、整理动作方案；英士博公司负责图片的拍摄，并提供了丰富的素材。

本书在编写过程中参考了一些著作、报刊、网站的研究成果，在此向作者表示感谢，笔者尽量做到规范引用，然而疏漏在所难免，敬请未被列入注释和参考文献的作者谅解。由于我们的经验和能力有限，对教材中的疏漏和不妥之处，敬请专家学者们批评指正。

目 录

第一章　快乐体操概述 … 1

第一节　产生与发展 … 2
一、产生 … 2
二、发展 … 3

第二节　内容与特点 … 4
一、内容 … 4
二、特点 … 5

第三节　价值与理念 … 6
一、价值 … 6
二、理念 … 8

第二章　快乐体操教学理论 … 9

第一节　教学目标与原则 … 10
一、教学目标 … 10
二、教学原则 … 10

第二节　教学组织与方法 … 11
一、教学组织 … 11
二、教学方法 … 12

第三节　教学设计与评价 … 14
一、教学设计 … 14
二、教学评价 … 15

第三章　快乐体操基本动作技能实践教学 … 17

第一节　移动技能 … 18
一、走 … 18
二、跑 … 19

目录

  三、跳 ··· 19

  四、滑步 ··· 20

  五、爬 ··· 21

  六、钻 ··· 22

 第二节 物体操控技能 ··· 23

  一、原地拍球 ··· 23

  二、接球 ··· 23

  三、踢球 ··· 24

  四、击固定球 ··· 25

  五、上手投球 ··· 26

  六、地滚球 ··· 26

第四章 快乐体操初级运动技能教学实践 ······································ 29

 第一节 垫上 ··· 30

  一、静止练习 ··· 30

  二、爬行练习 ··· 32

  三、支撑移动 ··· 34

  四、滚动练习 ··· 36

  五、垫上组合 ··· 40

 第二节 蹦床 ··· 40

  一、网上跳起 ··· 40

  二、网上弹起 ··· 44

  三、网上转体 ··· 46

 第三节 双杠 ··· 49

  一、支撑练习 ··· 49

  二、悬垂练习 ··· 51

  三、杠上移动练习 ··· 52

  四、下法——前摆跳下（以右侧下为例） ························· 54

  五、双杠组合 ··· 55

目 录

第四节　跳跃 · 55
　一、助跑起跳——助跑上板起跳 · 55
　二、跳上器械及跳下 · 56
　三、支撑跳跃 · 58

第五节　单杠 · 60
　一、上法——翻身上 · 60
　二、悬垂练习 · 61
　三、支撑练习——杠上支撑 · 64
　四、下法 · 65

第六节　平衡木 · 67
　一、舞蹈 · 67
　二、跳步 · 70
　三、转体 · 71
　四、平衡 · 73

第七节　吊环 · 74
　一、上肢不同姿势的悬垂 · 74
　二、下肢不同姿态的悬垂 · 76
　三、各种形式的摆动悬垂 · 79
　四、混合悬垂 · 82

第五章　快乐体操初级体能教学实践 · 85

第一节　形体 · 86
　一、跪撑静态超人 · 86
　二、仰卧举腿 · 86
　三、背起动态超人 · 87
　四、抓脚趾 · 88
　五、金鸡独立 · 88

第二节　柔韧 · 89
　一、跪坐压肩接支撑挺身 · 89

目 录

　　二、跪撑下腰 90
　　三、"一"字马 90
　　四、蝴蝶飞过河 91
　　五、呈倒"V"形后踢腿 91
　第三节 协调教学实践 92
　　一、婴儿爬 92
　　二、圆点训练 93
　　三、卫星式运球 94
　　四、夹球手接 94
　　五、灵活的机器人 95
　第四节 力量 96
　　一、核心力量——倒"V"形 96
　　二、下肢力量 96
　　三、上肢力量 97
　第五节 速度 98
　　一、移动速度——抢红旗 98
　　二、反应速度 99
　　三、动作速度 101
　第六节 灵敏 102
　　一、袋鼠跳（敏捷梯） 102
　　二、芝麻开门蹦（敏捷梯） 103
　　三、老鹰抓小鸡 104
　　四、蛇形后踢球 105
　　五、交通指挥跑 106
参考文献 107
附录一　本书涉及的体操术语及解释 109
附录二　教学案例 115
附录三　不同面积的场馆设计 125
附录四　特别安全提示 127

第一章

快乐体操概述

本章导语： 快乐体操，对于国内大多数人而言还是个新颖而又陌生的运动项目。本章从快乐体操的产生与发展、内容与特点、价值与理念，作以介绍，使大家了解快乐体操在国外的开展情况，以及如何引入我国及在国内开展的基本情况和未来的发展，进而了解快乐体操对学生身心全面发展的价值，确立全新的快乐体操观。

第一节 产生与发展

一、产生

在欧美等发达国家，大众普遍认识到体操对人的发展有着无法取代的作用，所以普及范围很广。体操在他们的心目中，就像我们的钢琴、绘画一样，是培养孩子兴趣爱好的一个重要途径。家长送孩子到体操俱乐部，目的在于让孩子锻炼身体、结识朋友；而孩子最终选择体操完全是因为喜爱。根据2012年美国体操协会官方公布的数字，在美国，体操练习者超过了520万人，注册俱乐部达到4000多家，并以每年7%左右的速度递增。美国各个市、州都有体操比赛，也有全美锦标赛，美国体操协会每年批准的体操比赛就有4000多个，参加体操比赛的运动员超过10万人，教练员和裁判员有2900多名。美国国家队的选手都是从各个俱乐部和大学中选拔出来的。日本体操项目靠学校、俱乐部两条腿走路。大中小学均设有体操部门，学生在学校就能很好地参与体操项目，体操爱好者也可到社会体操俱乐部进行练习。在学校和俱乐部中开展的体操项目，对日本儿童青少年体质健康水平的提升发挥了重要作用。日本的高中、大学体操比赛，学生、运动员的水平相当高，日本国家队的选手大多也是从学校体操比赛中选拔出来的，也有像内村航平等在大学毕业后宣布到俱乐部成为职员运动员。在加拿大、德国、澳大利亚等多个国家中，体操也深受国民欢迎，绝大多数孩子从小就开始练习体操。父母送孩子去学习体操，在他们看来是十分平常的事情。

在我国，提起体操，大家普遍的印象是苦、累、危险，练习者身材矮小等，所以，很多家庭不愿意送孩子去练习体操。随着新媒体时代的到来，人们发现，欧美及日本这些发达国家体操俱乐部的发展和国内相比呈现出完全相反的态势。主要原因是大家对体操的认识不够全面，以为体操就是指竞技体操。为了改变国人对体操项目认识上的误区，大力推动体操项目的发展，国家体育总局体操运动管理中心（以下简称为"中心"）提出了"快乐体操"的概念。其普及推广的目的着重于让孩子们快乐地参与体操活动，不像竞技体操那样追求竞技性，将身体锻炼、音乐熏陶、舞蹈舞姿和灵巧协调等有机结合起来，通过多种训练方法让孩子们在娱乐中锻炼、在玩耍中增强体质。"快乐体操"由此产生。

二、发展

自从"中心"将"快乐体操"这一理论引入我国可谓一石激起千层浪,在我国迅速生根发芽。很多省市成立了快乐体操俱乐部。据统计,截止到2016年,我国已有三十多家快乐体操俱乐部。人们开始被这一"古老"而又"新颖"的项目所吸引,带着孩子走进体操馆,享受体操带来的快乐!这一景象反映了大众对体操的观念在逐步转变。

2014年初,"中心"召开了两次快乐体操发展研讨会。同年7月,首次举办了三级和四级动作快乐体操员教练和裁判培训班,报名极其踊跃,有将近400人。报名人群来自基层体校、幼儿园、体操俱乐部和推广公司等。之后,快乐体操教练员培训班在上海市、常州市和武汉市接连举办了五期,后来陆续在各个城市以站点形式开展快乐体操辅导员培训。为扩大项目的影响力,"中心"又于12月在广州市花都区举办了首届全国快乐体操比赛。2015年10月底在广州市花都区举办了第二届全国快乐体操比赛。2016年开始采用分站赛的形式,分别在仙桃市、深圳市、北京市等顺利举办了比赛。"中心"还颁布了《全国快乐体操等级锻炼标准》《全国快乐体操等级标准(教法指导书)》《快乐体操教练员等级认定管理办法》等相关文件。2017年,"中心"继续开设了辅导员、初级教练员培训班,并增加了中级教练员培训班。

在"中心"与教育部相关部门的沟通下,体操与足球、篮球、排球、田径、游泳、武术,共7个项目一起走"进校园","中心"面向北京市、上海市等7个省市征集首批快乐体操推广试点学校,为快乐体操进入小学和幼儿园迈出了坚实的一步。自2016年11月起,快乐体操推广委员会在一些省市陆续成立。目前,全国7个省份正在进行快乐体操的试点推广,主要对象定位于幼儿园和小学。

根据"中心"的数据,我国注册的体操运动员只有2000多名,而美国注册的体操运动员约为我国运动员数量的50倍。据不完全统计,美国大约有520万的体操练习人口,他们从小就在俱乐部进行锻炼。我国的孩子大部分是在学校体育课中接触体操这项运动的,而我国的中小学体操教学存在一定问题。首先,部分地区中小学生实际上不开体操课,主要原因是怕项目本身给孩子带来危险;其次,由于我国中小学体育教师的体操水平有限,不能胜任大纲规定的体操教学内容。一旦他们就读的学校没有开设体操这一项目,他们将没有地方、没有相关人员指导练习体操,这可能是造成我国的体操人口与美国存在巨大的差距的原因之一。体操的发展是符

合社会发展规律的，美国体操的发展也曾是一波三折，经历了兴盛→衰落→复兴的过程。从目前我国的体操发展而言，我们有必要借鉴一下美、日等国体操发展的经验，结合我国目前的形势，寻找适合我国体操发展的途径。据统计，中国6岁以前的孩子数量约有1.2亿，快乐体操的市场潜力很大，再加上政府的大力支持，快乐体操很快就会在孩子们心目中生根发芽。可以预见，在不久的将来，体操项目会得到蓬勃地发展。

第二节　内容与特点

一、内容

人们常说，田径是"运动之母"，体操是"体育之父"。体操源于古希腊，以前也被称为"体育"。随着体育学科的不断发展，"体操"逐步从"体育"的大概念回归到项目本身。体操是所有体育项目的基础，其涵盖的内容十分广泛，开展的项目及形式也是丰富多彩的。国际体操联合会官网列出了7个项目：男子竞技体操、女子竞技体操、艺术体操、健美操、大众体操、技巧、蹦床。然而，体操远远不只是这些，除了竞技性体操之外，还有健身性体操，后者包括队列队形、徒手体操、轻器械体操、专门器械体操、实用性体操等。大众对体操认识的误区，不仅仅在于将体操局限于竞技体操，更重要的是对健身性体操的内容不了解。

随着体操内容的分化与发展，涌现出了许多新的、受大家追捧的形式。如当前风靡全世界的花样跳绳，在里约奥运会上大放异彩，而该项目就是逐步从轻器械体操中"脱颖而出"的；近年来，在日本兴起的男子艺术体操也在不断冲击着人们的陈旧观念；还有"跑酷"，作为年青一代的一种时尚运动，在他们的心中已变为一种新潮。这些原本都属于大体操的内容，由于开展形式的变化而变得新颖，使大家接受、喜欢。

其实，快乐体操的本质就是体操，只是在形式上出现了突破，使得人们逐渐又对该项目重新产生了关注和浓厚的兴趣。形式上的变化，让体操项目产生了新的生命力。快乐体操将所有体操内容重新组成、融合，通过"快乐"的形式组织起来，对普通大众特别是孩子们来说，有着很大的魅力。孩子们一踏进快乐体操的"殿堂"，就被五彩斑斓的环境所吸引，丰富多彩的练习内容，让孩子们乐此不疲，流连忘返。

目前，"中心"推出了快乐体操九级练习内容，涵盖垫上运动、单杠、双杠、平衡木、蹦床、跳马等项目。开展形式、技术动作和竞技体操有非常大的区别，对难度、技术性强的动作加以改编，增强实用性、功能性的内容，如攀爬、翻越障碍及摔倒落地时的自我保护动作等。

二、特点

（一）趣味性

快乐体操，顾名思义，就是让参与体操的孩子能快快乐乐地玩耍和锻炼。这在快乐体操的俱乐部里面随处可见。孩子在上课时非常享受，从热身到练习再到最后的放松都有游戏穿插其中，针对孩子生理、心理的发展规律，以兴趣为主，结合形式多样的动作练习及色彩丰富的场地，再配上符合动作特征的音乐节奏感，简直像是在游乐场做快乐体操练习。试问这样的项目哪个孩子不喜欢呢？

（二）灵活性

快乐体操的教学内容广泛，教学形式多变，教学器材多样。教学内容包括体操涵盖的所有项目，其广泛性是不言而喻的；教学形式有情景模式、韵律模式、模仿模式等。上课时，教练员可以根据不同的练习内容随时切换。且快乐体操场地上的器材都是可以移动的，"金字塔""圈"等各种各样的器材以不同的摆放方式组成多样的教学"新"器材，激发了孩子的好奇心，提高孩子的参与度。

（三）全面性

体操项目是所有项目中涵盖人的33个身体素质最全面的项目之一，包括了力量、速度、耐力、柔韧性、协调性等各种各样的素质要求。所以，经过体操练习，可以全面地提高孩子的身体素质。其次，体操的适用年龄也是很广泛的，在大多数年龄段都可以进行练习，德国的老太太约翰娜（Johanna）就是一个例子，86岁的她依旧身手矫捷，坚持体操训练。

（四）安全性

在快乐体操俱乐部的场馆中，场地、器材的生产、摆放设置都是经过深思熟虑的，是专门为孩子设计的，"中心"也发布了《少儿体操器材标准》。易磕碰的地方都选用质地柔软的海绵、垫子等，并且有专门的教练员进行保护与帮助。快乐体操课程在设计上更注重循序渐进，由易到难。孩子参与一段时间快乐体操运动，不仅能够提高协调性和灵活性，还可以形成良好的空间感觉，提高自我保护能力。所

以快乐体操绝对可以保证孩子的安全，甚至可以说是体育项目里面最安全的。

第三节 价值与理念

一、价值

在传统的观念上，大家对体操甚至是体育价值都是局限于身体上的，所以有人用"四肢发达，头脑简单"来形容练体育的人。这是对体育不了解产生的偏见。体操对人的全面发展所起到的作用是不容忽视的，体操在促进身体、心理、智力等多方面的发展上都有很好的效果。

（一）对孩子身体发展的价值

人类的发展涉及身体、动作、情感和认知4个方面，其中动作是人类适应环境的重要途径，并影响着个体的认知等其他方面（GregPagne，2008）。根据参与运动的肌肉不同，人体的动作可以分为粗大动作和精细动作。粗大动作（也称为大肌肉动作）是由躯干、四肢等大肌肉群发力而产生的动作，精细动作是手、腕等部位发力而产生的动作。人类大肌肉动作的发展先于精细动作，不但可以促进精细动作的发展，还是复杂运动技能的学习的基础（任园春，2013）。3~10岁是儿童粗大动作发展的敏感期，如果在该时期大肌肉动作发展缺陷得不到识别和补救，儿童就有可能终生在运动能力方面受到影响。平常生活中可以发现很多孩子不协调，很有可能是由于基本动作技能未能得到很好的发展。因此，在低年龄阶段发展基本动作技能非常必要，而10岁以后可开始让孩子接触各项目运动技能。

体操是完美的基础运动练习。国际奥委会认为："体操是所有陆地运动项目的基础。"相比于其他任何一项运动，体操拥有更完美的基础运动练习。尤其是对缺乏运动和认知能力的孩子们来说，在体操练习中，孩子将学会跑、跳、攀、爬等基本动作技能以及身体的平衡，培养他们的身体协调和身体意识，进而变得更加强大和更加灵活。无论他们今后选择任何的运动项目，这些基本的动作技能都会给他们带来很大的帮助。即使今后不选择运动项目，也将有健康的身体和良好的健身基础。其次，人的身体素质发育存在敏感期，即孩子在某一个年龄阶段发展某些身体素质会特别有效，而一旦错过这个年龄阶段，即使加倍付出努力，也无法获得理想的锻炼效果。比如柔韧素质的敏感期为5~9岁，在20岁之后停止发展。所以，孩子

过了这个年龄段再开始抻筋压腿，实际上已经没有多少锻炼效果。

此外，体操能够增强孩子对身体的保护能力。扭伤和肌肉拉伤是两个在运动中最容易发生的损伤。体操将会帮助孩子们避免这些损伤，因为它可以教会孩子们如何正确有效地进行热身。体操还是学习如何安全地跌倒和落地最棒的运动。任何体操核心课程中，都有一部分是专门来学习如何安全地跌倒和落地的。

（二）对孩子心理发展的价值

塑造完整的人格。国外的孩子有一个共同特点，那就是自信。国外的教育是非常注重培养自信这一品格的。也许是与幼时的社会环境、学校、家长教育有关，我们国家的孩子这方面做得不够好。快乐体操在动作练习中就是鼓励孩子，让孩子在自在快乐的氛围内进行学习，通过克服一定的困难，收获成功的喜悦，使他们相信自己的能力，从而达到培养自信品格的目的。在快乐体操的练习过程中，会有很多的游戏，在游戏中一方面他们要经历竞争、比赛等，体验竞争的残酷及挫折、失败的滋味；另一方面他们会通过合作、帮助别人及被别人帮助等感受团队的强大。这些对于现在的社会是必不可少的。此外，经常参加一些比赛，可以让孩子在以后的学习、工作和生活中有更多的定力，可以最大限度地拓展孩子的心智禀赋。

养成锻炼的习惯。近些年有句非常火的话叫做"请人吃饭不如请人流汗"。由此可见，现在体育锻炼已经是一种潮流。随着社会的发展，人们都在追求健康的生活方式。很多人说孩子太小没有适合的项目，那么快乐体操无疑是最好的选择。孩子在小时候练习快乐体操，养成锻炼习惯，即便他们成年后，这种健康的生活方式也将一直持续，对他们的一生都有无穷的好处，终身受益。

（三）对孩子智力发展的价值

对于孩子的智力发展来说最好的运动是体操。有专家指出：7岁前，体育就是智育。新生儿犹如一张白纸，一切的信息和知识都通过身体的各种感觉器官获得，并通过大脑的学习，指挥和控制身体的各运动器官获得更多的信息和知识，动作由最基本的吸吮反射到很精细的手指运动。在这样一个过程中，大脑处理外界感知的速度也得到提高。孩子在进行快乐体操锻炼时，经常是双手做动作，能使平常较少用到的手得到锻炼。这就有利于均衡发展大脑左、右边的潜力，使孩子的智力全面协调发展。

"想聪明，玩体操。"有科学家测算过，成人的大脑大约有一千亿个神经，如果你不去刺激这个大脑神经元，它的大脑细胞就开始死亡、开始凋谢。如果一个人缺乏活动，对大脑没有必要的刺激，新长出来的大脑细胞会在28天左右死掉。因为体操这个项目动作技术很复杂，因为它复杂，所以对大脑刺激比较全面；由于对大

脑刺激全面，所以能有效地构建孩子们聪明的大脑。这项运动特别有利于孩子大脑的发育和良好的神经网络构建。

二、理念

在美国等发达国家，人们非常注重脑力和体力的平衡。这一点从他们的教育中就能够体现：他们的课程非常地少，整个教育规模划体系特别注重培养学生的兴趣和一定的实践能力，促使他们身体、智力同时发展，教他们学会如何去平衡自己的生活。所以即使他们长大后，也能够很好地做到这一点。

"玩"是孩子的天性。孩子的"玩"就是游戏，就是通过走、跑、跳、投、爬、悬等基本动作发现自身的潜能，在游戏中与小伙伴建立良好的关系，不仅使身体得到锻炼，更让心理得到成长。2007年，美国北卡罗莱纳大学的一项研究发现，幼儿时期玩得时间比较充足的孩子，到了5岁，他们的智力要比对照组的孩子高出许多。

目前，我国家长对"玩"了解不多，理解不深，甚至对玩抱有偏见。各种文化考试、补习班把儿童牢牢的束缚在书桌上，很少有时间参加体育锻炼、开发动商。现在一些城市的"幼进小"把这种压力传递到了幼儿园，很多幼儿园孩子玩的时间也被数学、语文、英语等各种课压缩。于是，体质下降、肥胖、近视等问题接踵而至，可以说，导致孩子出现这些问题的原因并不是玩得多，而是玩得太少。

"身体是革命的本钱。"只有拥有健康的体魄我们才能更好地投入生活、爱情、事业等。科学巨匠斯蒂芬·霍金在非盈利的瑞典健康组织GEN-PEP的广告中说："我们吃得太多，而运动量太少。"根据世界卫生组织的数据，缺乏身体活动是现在世界第四主要死亡原因。"幸运的是，解决方法很简单：更多的身体运动并改变饮食结构"，他补充说，"这不是复杂的事。"所以，我们必须要从孩子小的时侯让其养成体育锻炼的习惯，让他们从小开始习惯运动，而这恰恰与快乐体操所倡导的理念不谋而合。

快乐体操就是要恢复孩子的天性，让孩子快快乐乐地玩。让孩子在玩的过程中，提高自己的身体素质，养成一种积极健康和终身运动的生活观念，让孩子在玩的过程中掌握和提高解决问题的能力，获得自豪感，增强自信心。

第二章

快乐体操教学理论

本章导语： 本章介绍快乐体操教学的基本目标与原则、教学组织与方法、课程设计与评价方式，对实践教学部分起着理论指导作用。在实践教学过程中，打破传统，站在孩子的角度思考，重视学习过程设计，注重情景塑造。从孩子的兴趣和日常行为活动入手，逐渐培养孩子的基本运动技能，结合适当有组织性的身体活动，激发孩子进行积极思考，提升孩子的逻辑思维、规范意识和探究精神。

第一节 教学目标与原则

一、教学目标

快乐体操教学目标的制定，应严格遵循孩子的身心发展规律，对孩子的身体、心理、情感、认知等的全面发展起到一定作用。国外已有研究表明，在不同的年龄阶段，需要有针对性地安排练习内容，才能达到有效促进个体身心发展的效果。其中孩童时期是关键阶段，除了教授基本的运动技能外，孩子的认知情感的培养，以及性格品质的塑造更为重要，而快乐体操的教学目标也正是这种思想的体现。

（一）培养锻炼习惯，体验体操乐趣

在孩童时期，良好的锻炼习惯需要外界积极地引导。快乐体操教学目标之一便是通过变换游戏的方式，让孩子在玩耍中得到锻炼，激发运动兴趣，让快乐体操融入生活，成为日常生活中的一部分，在潜移默化中，培养孩子良好的锻炼习惯。

（二）增强体质健康，提高运动能力

快乐体操也是提高孩子体质健康水平、提高运动能力的有效途径。它通过新颖灵活的形式，对孩子们的体质健康进行有效干预，以达到增强体质的效果，并在此基础上，让孩子们掌握一定的动作技能，提高运动能力。具体包括：塑造挺拔的身形，增强孩子们的力量、提高灵敏、协调等能力。

（三）养成规则意识，培养优秀品质

如今的孩子都备受家人宠爱，成了"小皇帝""小公主"，导致孩子缺少良好的规则意识。快乐体操强调团队协作，在轻松的氛围中帮助孩子培养集体意识，遵守规范。同时，逐渐培养孩子的积极进取、自信自立、勇敢坚韧等优秀品质。

二、教学原则

（一）兴趣性原则

兴趣是最好的老师。在快乐体操运动技能的学习过程中，根据场地、器材的设计和多种形式的教学组织培养孩子的情景兴趣。孩子逐渐产生运动兴趣后便对该项运动乐此不疲，这与快乐体操教学理念相契合。回归体育的本位目标，即追求运动

的乐趣。运动乐趣的培养和运动技能的掌握是相辅相成的，没有技能的掌握不可能体验到运动的乐趣，没有乐趣也不能更深入地掌握运动技能。

（二）主体性原则

主体性原则是教学规律的反映。在教学过程中，孩子始终是学习的主体。教与学的活动始终围绕孩子的需要和特点展开。快乐体操教学注重在活动中培养孩子的参与能力、创新意识等，在课堂教学实践中大胆放手，培养孩子动手、动脑、动口的习惯，在教师的辅助引导下积极主动参与教学活动，发挥孩子的主体性和创造性，促进个性的充分发展。

（三）全面性原则

全面性主要体现在其教学内容的丰富性和组织方法多样性两个方面。根据孩子的身心发育特点，组织多样化的教学形式，避免出现单调、乏味的教学。根据孩子的身体素质和技能水平特征，丰富教学内容，拓展知识结构，为孩子的发展提供全面的指导，从而促进孩子综合能力的提高。

第二节　教学组织与方法

一、教学组织

（一）游戏化

游戏化的教学组织形式，能够让孩子体验到学习过程的趣味性和娱乐性，有利于提升学习效果，深受孩子们的喜爱。游戏化的组织形式集体力、智力、娱乐为一体，可以促进孩子身心健康发展，增强孩子与孩子、孩子与教练员之间的互动，学习氛围非常融洽。正因如此，在课堂教学过程中可以对教学内容进行游戏化设计。例如，在课的开始部分，采用运动低负荷、生动活泼、富有情趣的游戏，激发学生参与活动的欲望，提高大脑神经活动的兴奋性；在课的基本部分运用形式多变的游戏方式改变单一枯燥的教学组织，逐渐培养学生的练习兴趣，增强练习负荷，提升身体机能的同时，使得技能水平得到提升；在课的结束部分，可采用舞蹈韵律操的形式调节孩子身心疲劳。但游戏化的教学组织，只有在运动技能熟练掌握的情况下，才能将其进行游戏化的组织。

（二）韵律化

让我们畅想一下，在富有节奏感的背景音乐下，孩子们的每个身体细胞都活跃了起来……加入音乐、节拍棒等辅助教具，可以让枯燥、单调的课堂变得生动、活泼。在富有节奏的音乐中进行运动，能够提升孩子们的节奏感和韵律感，端正体态，塑造体形，提升气质。在课的开始部分、正式部分与结束部分均可安排韵律化的教学内容，进行负荷递增或递减的练习，从而达到热身、提高、放松的不同效果。

（三）情景化

情景化教学可调动学生参与互动的积极性，使得单调枯燥的教学变得生动有趣，有利于学习活动的顺利完成。情景化教学应结合孩子喜欢听故事，善于想象，对角色游戏比较敏感，容易将情感转移到直观事物上的阶段特征；利用口述、肢体语言所创造的情景进行快乐体操教学，使儿童对客观事物获得具体感受，加深对学习活动的情感体验，在思维活跃的氛围中达到"你、我、他统一""人、物、情统一"的效果。但是，情景化教学适合在低年龄阶段的孩子中使用，且多用于简单技术动作的学习，对较大年龄阶段的孩子实用性不大。教师在情景化教学过程中应做到循循善诱，全身心投入。

（四）"圈"和"点"

传统的体操教学，是在某一个固定的点上（如高低杠）重复进行某一动作的练习。这就是我们所说的"点"的形式。不可否认，这种形式在动作技能的形成过程中非常高效，但其缺点也显而易见——单调、枯燥、乏味。将不同的内容及器械有机地组合起来，形成一个可以循环练习的回路，我们称之为"圈"。"圈"的形式不仅可以提高孩子们的练习兴趣，还可以提高练习的效率。它既可以用在已掌握动作技能的复习中，也可以用在新授或未掌握的动作教学中。"圈"和"点"的有机组合，不仅使得孩子在每个练习点中受益，而且在点与点之间的连接过程中通过体位，以及空间的改变，增强孩子的身体控制能力和空间意识。在练习过程中，需要紧密结合教材内容和学生技术水平，注意各点之间的练习次数、练习难度以及彼此之间的相互联系。

二、教学方法

（一）以直观法为主

幼儿园、小学年龄阶段的孩子对形象事物较为敏感，快乐体操教学根据该特

征，以直观法为主，充分利用现代化的教学设备，调动孩子的视觉、听觉、肌肉本体感觉等，感知动作的轨迹、过程，以及节奏等，建立正确的动作表象，加深对技术动作的理解。最常用的直观法有：动作示范法、教具模型展示法、电影视频录像法等。此方法能够比较形象的把动作过程显示出来，可收到"百闻不如一见"的效果。

（二）以语言法为辅

语言作为传达信息的媒介，能促使孩子对技术动作的理解和巩固，加强孩子对技术动作要领的记忆。激发孩子的思维，培养孩子积极分析问题和解决问题的能力。根据该年龄阶段孩子对声音、故事情节的敏感性特点，快乐体操教学过程中，通过简明扼要、形象生动、通俗易懂的语言引出技术动作的重点和难点，让孩子体悟技术动作的要领、方法、过程。同时配合肢体语言，指出运动的方向、标识动作的幅度以及轨迹，使得孩子建立正确的空间概念，对技术动作轨迹的认识更为明确。口头语言与肢体语言相配合，能够取得良好的教学效果。

（三）将练习法贯穿始终

体育运动的最本质特征就是身体的参与。快乐体操练习对孩子各生理系统、机能水平、中枢神经系统发育以及思维能力发展，都有良好的影响作用。在练习过程中，通过量和强度的控制，起到适当调节身体机能的作用，通过变换练习方式培养孩子的思维能力。快乐体操教学秉承体育教学的本质特征，将练习法贯穿教学始终，将各动作技能编排在一个循环练习站点内，按照一定的程序循环往复，逐级递增，根据反馈信息，逐步调控各级目标。帮助孩子全面理解技术动作，促使达到最佳教学效果。

（四）以比赛、探究作为升华

快乐体操需要以比赛来促进发展，在比赛过程中培养孩子的竞争意识，注重比赛过程，弱化输赢结果。比赛、探究方法的应用，使得练习内容更加丰富，方法手段更加多样，提高孩子视觉、听觉、触觉及本体感觉之间的连贯性；提高中枢神经系统，以及各器官之间的协调运转；提高机体对不断变换的环境，以及负荷的适应；提高技术动作的准确性、稳定性、有效性。探究作为升华，以引导学生主动参与，发现问题，独立探究，积极思考寻求答案的能力。让孩子运用已学过的技术动作进行比赛，带动学生学习的积极性。培养学生勇敢、机智、独自创新，以及学会与他人密切配合的集体协作精神。

第三节 教学设计与评价

一、教学设计

（一）教学内容设计

1. 水平设计

根据快乐体操项目多样化、功能多元化的特点，在进行内容设计时，注重孩子的阶段特征。根据《国家快乐体操等级锻炼标准》，针对某一水平的工作，进行总体设计。在确定水平时，首先确定同一水平不同项目的体育教学目标，根据不同项目的目标确定年度计划，进而分配到每个季度中。快乐体操项目包括蹦床、自由体操、跳跃、单杠、平衡木、双杠等，并对项目进行了等级划分。在此基础上可依据儿童基本能力进行各级技术动作的练习。

2. 垂直设计

快乐体操垂直教学设计与水平教学设计是相对的，在水平教学设计完成的基础上，进行纵向教学计划的设计安排，包括单元教学和课时教学。例如，在进行前滚翻的技术教学时，要先进行垫上各种形式的滚动练习，再进行手撑脚蹬配合的练习，最后进行完整练习。

（二）课的设计

1. 热身部分

快乐体操的热身部分非常重要，使孩子由相对安静的运动状态尽快过渡到兴奋的运动状态，为正式部分的开始做好身心准备。教学的热身部分常采取情景游戏化的方式，利用语言讲述故事情节，引导孩子进行符合该年龄阶段特征的身体负荷递增练习。孩子进行基本步伐、韵律操的身体练习，引导孩子完成一个个小的目标任务，提升中枢神经系统的兴奋性，为正式部分做好准备。

2. 正式部分

快乐体操的正式部分以热身部分的活动量为基础，逐渐增加活动强度，生理机能水平稳步提升，是孩子进行新技能学习和使身体机能提升的重要环节。教学的正

式部分通常采用"圈""点"结合的练习形式，进行技术动作的学习及复习。在充分调动孩子练习兴趣的同时，掌握新的技能，巩固已获技能，解决重点内容，增加练习密度。根据动作技能的难度而定，每个圈中可设置一个或多个重点技术动作。改善单调、乏味的传统练习，取得良好的课堂教学效果。在课的正式部分，除了技能教学的任务之外，需要施加一定的负荷，才能达到发展体能的教学目标。

3.恢复部分

在课的体能恢复阶段，逐渐降低活动强度，使身心逐渐恢复到相对安静状态，减缓正式部分带来的身心疲惫感。该部分通常安排孩子进行小负荷的自主活动内容，发挥孩子的主观能动性、独立性，给予孩子自主、合作、探究的学习空间。例如：让孩子在海绵坑中进行自由玩耍、做任意方向的蹦跳，展现肢体语言，或结合游戏以及韵律化操类，配合音乐进行呼吸的调整，使得身心协同恢复。

二、教学评价

（一）评价原则

快乐体操评价原则与传统课程评价原则有很大区别，在快乐体操评价避免负面评价用语，让每个孩子在练习中收获信心，这与美国总统在2015年12月签署的"让每一位学生成功法案"（ESSA）取代"不让一个孩子掉队"法案的目的相契合。在快乐体操练习中，没有任何一个孩子属于掉队队伍中的，他们都是成功队伍里的孩子。快乐体操教学过程发挥其评价的导向、反馈、激励功能，将诊断性评价、过程性评价、总结性评价相结合。在学习活动进行前，对孩子进行前期诊断，做到根据个体差异，选择恰当的教学策略，进行针对性教学；在教学过程中对孩子进行过程性评价，包括：态度、动机、情感投入、行为习惯等，充分发挥孩子的优势，克服孩子的劣势。最后结合前期诊断，进行总结性评价，加强师生之间的互动交流，对自己的思想、态度、行为进行反思。坚守原则以促使教学相长，确保教学评价的客观性和稳定性。

（二）评价等级

没有考核就没有促使学生继续学习的动力和激情，在实施快乐体操教学的过程中，通常设定"非常好！""好！""加油！"三级指标标准对学生进行技术评价（表2-3-1）。

表2-3-1　快乐体操技术动作评价等级表

等级	动作表现
非常好	非常流畅、轻松、协调、稳定、优美、大方
好	比较流畅、轻松、协调、稳定、优美、大方
加油	不够轻松、轻松、协调、稳定、优美、大方

第三章

快乐体操基本动作技能实践教学

本章导语： 快乐体操基本动作技能是建立在快乐理念基础上的，立足儿童时期身体活动的特点，以游戏的形式进行动作练习，促进基本动作技能的形成，为初级运动技能的发展打下良好基础。基本动作技能实践教学主要针对3~10岁儿童进行身体活动练习。因为儿童时期身体各系统处于不断发展、逐渐完善的阶段，大肌肉力量较弱，动作的准确性、灵活性、平衡性和协调性也相对较差，基本动作技能未完全掌握。本章分为移动技能实践（走、跑、跳、滑步、爬、钻）和物体操控技能实践（以球技为主）两部分。为了提高基本运动能力，培养孩子们的运动兴趣，同时增强合作意识和团队意识，形成活泼开朗的性格，以及敢于挑战、敢于尝试、敢于创新的精神，促进孩子们德、智、体、美的全面发展。

第一节　移动技能

一、走

图3-1-1　走

1. 动作描述：	站立开始，左脚抬腿向前时，右支撑腿蹬地，重心前移，迈左腿、摆右臂（迈右腿、摆左臂）交替前行（图3-1-1）
2. 完成练习的前提：	原地踏步走
3. 使用的主要肌肉：	腿部肌肉、腰背肌肉、肩部肌肉
4. 课程学习效果体现：	向不同方向移动时，始终保持对身体的控制，掌握正确的移动技巧及平衡
5. 进阶（拓展）练习：	踮着脚走、分腿蹲向前走（鸭子步）（附录）、分腿蹲向侧走（企鹅步）（附录）
6. 注意事项：	注意抬腿和摆臂的协调配合，可进行多方向的练习

二、跑

图3-1-2　跑

1. 动作描述：	双手半握拳，拳心向内置于腰间，上体向前倾，右脚蹬地，同时左膝前抬，随着身体重心前移，两臂自然前、后摆动，跑（图3-1-2）
2. 完成练习的前提：	走
3. 使用的主要肌肉：	腿部肌肉、腰腹肌肉、手臂肌肉
4. 课程学习效果体现：	有控制地在特定区域内快速移动，掌握正确的移动技巧，提高身体的协调性和快速移动的能力
5. 进阶（拓展）练习：	高抬腿跑、绕障碍跑（附录）、跨域障碍跑（附录）、接力跑
6. 注意事项：	注意抬腿和摆臂的协调配合，可进行多方向的练习

三、跳

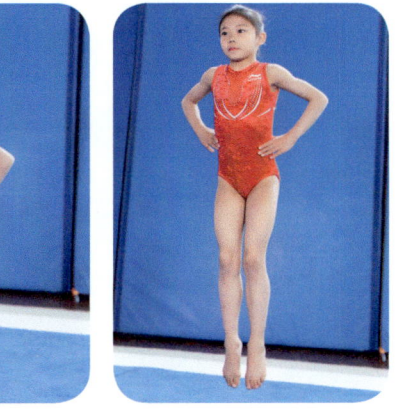

图3-1-3　跳

1. 动作描述：	站立开始，双手叉腰，膝盖弯曲，双脚蹬地向前跳起（图3-1-3）
2. 完成练习的前提：	单脚跳
3. 使用的主要肌肉：	腿部肌肉、腰腹肌肉
4. 课程学习效果体现：	掌握跳跃这一基本的体操技能，提高身体的控制能力和弹跳能力，培养空间感知意识
5. 进阶（拓展）练习：	跨跳、立定跳远、单脚变双脚发力跳、双脚跳跃障碍物、跳转（附录）、星星跳（附录）、跳上高台、直跳至轻落地、跑4~5步后蹲跳到盒子上
6. 注意事项：	首先应学习安全落地技巧，避免运动过程中受伤

四、滑步

图3-1-4　滑步

1. 动作描述：	首先左腿伸直朝脚尖方向前滑一步，接着左脚提踵（附录），右脚伸直并向足尖方向前滑一步。此时左脚压脚跟，右脚完成提踵动作，两脚交替向前滑行（图3-1-4）

2. 完成练习的前提：	后滑步
3. 使用的主要肌肉：	腿部肌肉、腰腹肌肉
4. 课程学习效果体现：	有控制的在特定区域内移动，掌握正确的滑步技巧，提高身体的灵敏和协调性
5. 进阶（拓展）练习：	侧滑步
6. 注意事项：	注意左脚和右脚协调配合，可进行多方向的练习

五、爬

图3-1-5 爬

1. 动作描述：	地面爬：跪姿位开始，异侧（或同侧）的手和脚同时向前爬行。垂直爬：双手抓住绳子，双脚用力夹住绳子，双手交替向上爬（图3-1-5）
2. 完成练习的前提：	地面爬
3. 使用的主要肌肉：	腿部肌肉、腰腹肌肉和手臂肌肉
4. 课程学习效果体现：	有控制地在特定区域内移动，掌握爬绳的运动技能，锻炼技巧性、持久力和空间认知能力

5. 进阶（拓展）练习：	依次跪爬、并腿跪爬、爬过障碍物、爬上爬下、爬吊绳、爬一根杆、爬两根杆
6. 注意事项：	爬上爬下时，始终保持手抓杆或绳，辅导员应做好安全保护工作，防止孩子爬上过程中跌落 练习器材：绳子

六、钻

图3-1-6　钻

1. 动作描述：	双膝、双手或双膝、双肘着地，尽量降低俯身的高度，从障碍物下钻过去（图3-1-6）
2. 完成练习的前提：	爬
3. 使用的主要肌肉：	腿部肌肉、背部肌肉、手臂肌肉
4. 课程学习效果体现：	掌握钻的运动技能，提高身体柔韧性、技巧性和空间感知意识
5. 进阶（拓展）练习：	适当降低障碍物的高度，提高钻的难度
6. 注意事项：	注意障碍物的高度，应从较高的障碍物开始，防止在钻的过程中碰伤 练习器材：障碍物

第二节　物体操控技能

一、原地拍球

图3-2-1　原地拍球

1. 动作描述：	使用一个有弹性的球，站立控球。在使用偏好的手控球稳定后，尝试用非偏好手拍球（图3-2-1）
2. 完成练习的前提：	双手拍球
3. 使用的主要肌肉：	手臂肌肉，肩膀肌肉
4. 课程学习效果体现：	演示对动作的控制能力，如控制单手运球；培养对移动中物体的连续控制能力
5. 进阶（拓展）练习：	尝试运球走、跑、跳等；跟着音乐有节奏地拍球；一边高抬腿一边拍球；边跑边拍球；拍球绕障碍物；尝试双人交替运球且保持控球稳定
6. 注意事项：	拍球注意把握一定的节奏，熟悉动作后可逐渐加快速度 练习器材：球

二、接球

图3-2-2　接球

1. 动作描述：	使用海绵球或任一软质球类，两人一组，向同伴抛球，另一个孩子双手接住抱紧。一旦熟悉此动作后，尝试双手前伸悬空接住（图3-2-2）
2. 完成练习的前提：	单人抛球接球练习
3. 使用的主要肌肉：	手臂肌肉
4. 课程学习效果体现：	演示对动作的控制能力，培养抛和接的协调能力
5. 进阶（拓展）练习：	可尝试各类抛接动作，关键是要练习上抛后接住；尝试抛掷接住更小的球类或者其他小工具
6. 注意事项：	一定要使用质地柔软的球类，初期向上抛球不用太高，等掌握抛接球技术要领后，可适当增加抛球力度 练习器材：海绵球或其他软质球

三、踢球

图3-2-3 踢球

1. 动作描述：	将小足球放在脚前1米处，面对球门框，助跑获得一定速度后，对准球门将球用力踢出（图3-2-3）
2. 完成练习的前提：	用脚运球
3. 使用的主要肌肉：	小腿肌肉

4. 课程学习效果体现：	孩子能掌握对物体的控制能力，使球能向着目标方向运行
5. 进阶（拓展）练习：	将球踢到固定的区域；将球踢中目标物；跑动中踢球
6. 注意事项：	踢球时注意对准目标，用脚控制球的运行方向 练习器材：小足球

四、击固定球

图3-2-4 击固定球

1. 动作描述：	将质地柔软的球放置在击球器上或固定在绳子上，孩子站在球的侧面，用棒球杆或者其他工具击球（图3-2-4）
2. 完成练习的前提：	用手击体积稍微大些的软质球
3. 使用的主要肌肉：	腿部肌肉、手臂肌肉
4. 课程学习效果体现：	孩子能准确击中目标物，保持身体平衡，具有一定的爆发力
5. 进阶（拓展）练习：	改变球的大小，换成网球大小的软质球，让孩子练习击球
6. 注意事项：	击球器的高度基本保持在孩子腰间的位置，根据孩子们的身高适当调整球的高度，鼓励孩子完成目标任务 练习器材：球、绳子/击球底座、棒球杆

五、上手投球

图3-2-5 上手投球

1. 动作描述：	站在距离小篮筐2米处的位置，双手抵住海绵球的两侧，放在肩膀上方，屈膝下蹲，接着双脚蹬地，伸直膝盖带动身体向上，同时双手将海绵球投进篮筐方向（图3-2-5）
2. 完成练习的前提：	原地定点扔球
3. 使用的主要肌肉：	手臂肌肉、腿部肌肉
4. 课程学习效果体现：	跳起投球，能培养一定的爆发力，空间平衡力，空间认识能力，以及准确定位目标的能力
5. 进阶（拓展）练习：	单手投球；跑动中投球
6. 注意事项：	上手投球初期可降低篮筐高度，缩短与篮筐的距离，等熟练后可增加篮筐高度，扩大与篮筐的距离练习器材：海绵球、篮筐

六、地滚球

图3-2-6 地滚球

1. 动作描述：	可使用任何类型的球，两人间隔2米，轻轻地将球踢向对方，同伴可用脚掌搁在球上面，使球停住然后再把球踢回去，另一个人可以以相同的方法把球接住（图3-2-6）
2. 完成练习的前提：	在地面用脚运球，单脚运球至双脚交替运球
3. 使用的主要肌肉：	腿部肌肉
4. 课程学习效果体现：	培养精确地投射与接收的能力，如把球踢进一个指定位置，用脚运球，用脚接球，可以展示恰当的技巧
5. 进阶（拓展）练习：	适当地加大距离，改变方向，增加人数，保证球不离开地面
6. 注意事项：	初期踢球力量不可太大，防止球脱离地面；掌握一定的控制球速、球运行方向的能力 练习器材：球

第四章

快乐体操初级运动技能教学实践

本章导语： 本章将阐述蹦床、垫上、双杠、单杠、平衡木和吊环项目的教学实践。快乐体操提倡快乐的教学方式，但并不抛弃体操本身的项目特征和健身价值。本章针对3~10岁儿童的生理和心理发展规律，通过灵活的授课方式，将快乐体操融合到具体的项目教学中，使孩子在享受体操乐趣的同时，积极挑战难度，获得攻克难关的满足感，并在前期掌握基本运动技能的基础上，有针对性地发展基本运动技术，提高运动技能。

第一节 垫上

一、静止练习

（一）屈膝坐

图4-1-1 屈膝坐

1. 动作描述：	成坐立姿势，双腿放在身体前方，屈膝，大腿贴向胸部，用双臂抱住小腿（图4-1-1）
2. 完成练习的前提：	坐立姿势
3. 使用的主要肌肉：	腰腹肌肉
4. 课程学习效果体现：	在某个特定的区域有控制地展示动作，控制腹肌的中间区域，锻炼腹部肌肉力量及平衡能力
5. 进阶（拓展）练习：	（1）慢慢地伸直腿部，用胳膊抓住大腿背部，成"V"形坐 （2）试着将胳膊伸向身体两侧或者前方，保持"V"形
6. 注意事项：	（1）提示孩子主要用腹部肌肉发力，适当控制手抱小腿的力度 （2）为提高平衡能力，可以在其他的设施上尝试完成动作，如长凳、盒顶

（二）乌龟撑

图4-1-2 乌龟撑

1. 动作描述：	双手双膝放在地上，双手转向身体内侧，保持手臂垂直，背部往上拱，形成一个圆形，同时下巴尽靠近胸部（图4-1-2）
2. 完成练习的前提：	跪撑（附录）
3. 使用的主要肌肉：	腰腹肌肉、腿部肌肉、手臂肌肉
4. 课程学习效果体现：	在某个特定的区域有控制地展示动作，懂得展示恰当的技巧，展示平衡能力，会使用身体展现形状
5. 进阶（拓展）练习：	类似于俯卧撑，两臂伸直与肩同宽，指尖向前，身体保持笔直，肌肉绷紧，成前撑姿势
6. 注意事项：	（1）注意背部尽力上拱，低头含胸，下巴尽量靠近胸部，使身体成圆形 （2）乌龟撑形成强有力的支撑姿势，为安全落地和滚动，形成一个圆形的身体姿势

（三）屈膝倒立

图4-1-3 屈膝倒立

1. 动作描述：	弯腰的同时两手与肩同宽，五指张开置于垫子上，一脚前脚掌蹬地，一腿向后上方摆动，当臀、背、腰、肩与地面垂直，控制身体成倒立姿势。辅导员帮助孩子保持倒立姿势，并试着尽可能久地保持倒立姿势（图4-1-3）
2. 完成练习的前提：	跪撑
3. 使用的主要肌肉：	腰腹肌肉、手臂肌肉
4. 课程学习效果体现：	有控制地在某些区域展示动作，为了展示具体的静止动作，可以展示恰当的技巧，会使用身体创造形状，展示平衡能力和安全意识
5. 进阶（拓展）练习：	在臀部完全在头顶上方之前，单手往前移一步，胯部和肩膀也向同方向移动，身体放下时依然保持屈膝姿势，完成屈膝倒立伴随1/4转
6. 注意事项：	在学习屈膝倒立之前，辅导员应做好充分的安全保护工作，并在比较柔软的垫子上进行学习

二、爬行练习

（一）分腿屈体撑爬（大象行）

图4-1-4　分腿躯体撑爬（大象行）

1. 动作描述：	两手两膝放在地上，成分腿屈体撑姿势，异侧的手和脚同时向前 移动，爬行（图4-1-1）
2. 完成练习的前提：	分腿压体撑（见附录）
3. 使用的主要肌肉：	腿部肌肉、手臂肌肉

4. 课程学习效果体现:	有控制地在特定区域移动,通过手脚配合提高身体的协调能力,根据练习场地的变化,适当调整速度水平
5. 进阶(拓展)练习:	尝试向后爬行也可以在走圈的过程中,作为一种运动方式。
6. 注意事项:	尝试不同方向的移动时,注意手脚的协调配合

(二)熊爬

图4-1-5 熊爬

1. 动作描述:	两手两脚放在地上,臀部高高举起(像内屈体成"V"形姿势),向各个方向移动,当孩子们往前、往后或两侧移动时,手臂腿部都应保持笔直(图4-1-5)
2. 完成练习的前提:	内屈体"V"形撑(附录)
3. 使用的主要肌肉:	胸肌、腰腹腹肌、腿部肌肉、手臂肌肉
4. 课程学习效果体现:	伴随着方向性的变化,有控制地在特定区域移动,当展示熊爬运动技能时,运用恰当的技巧,提高身体的协调能力
5. 进阶(拓展)练习:	作为游戏中的一种运动方式,也可在走圈的过程中进行熊爬练习
6.. 注意事项:	尝试不同方向的移动时,注意手脚的协调配合

(三)蟹爬

图4-1-6 蟹爬

1. 动作描述：	以后撑姿势开始，屈膝使膝盖可以形成90°，类似一个桌子的形状。臀部要抬高，保证肩膀、臀部、膝盖成一条直线，尽可能地向各个方向移动（图4-1-6）
2. 完成练习的前提：	后撑（附录）
3. 使用的主要肌肉：	腿部肌肉、腰腹肌肉、上臂肌肉
4. 课程学习效果体现：	通过学习基本的运动机能，锻炼身体上半身力量，提高身体的协调能力，有控制地在特定区域内向各个方向移动
5. 进阶（拓展）练习：	可作为游戏中的一种运动方式，也可在走圈的过程中进行蟹爬练习
6. 注意事项：	（1）尝试不同方向的移动时，注意手脚的协调配合 （2）移动过程中，腰腹发力，保持肩膀、臀部、膝盖成一条直线

三、支撑移动

（一）前撑方式画圆

图4-1-7 前撑的方式画圆

1. 动作描述：	以前撑姿势（附录）开始，以脚为中心轴用手掌撑垫移动画圆。当身体移动的时候，尽量保持身体处于绷直状态（图4-1-7）

2. 完成练习的前提:	前撑
3. 使用的主要肌肉:	手臂肌肉、胸肌、腰腹肌肉、臀肌
4. 课程学习效果体现:	做小范围动作时能始终保持对身体的控制，掌握正确的动作技巧，训练身体的平衡能力和控制力
5. 进阶（拓展）练习:	尝试把脚放在高一点的平面完成这个动作
6. 注意事项:	（1）练习之前，做好充分的热身活动，尤其是上肢部分 （2）注意身体保持紧绷状态，避免出现塌腰或翘臀等现象

（二）从前撑到后撑

图4-1-8　从前撑到后撑

1. 动作描述:	从前撑姿势开始，翻转身体任何一侧到后撑姿势（附录）。开始翻转时，支撑的手要转向里面，这样当转到后撑姿势时，手指指向脚的方向而不是指向后方（图4-1-8）
2. 完成练习的前提:	前撑
3. 使用的主要肌肉:	手臂肌肉、胸肌、腰腹肌肉、臀肌
4. 课程学习效果体现:	做小范围动作时能始终保持对身体的控制，掌握正确的动作结束技巧，用身体去构建形状
5. 进阶（拓展）练习:	尝试把手、脚放在高一点的平面完成这个动作

| 6. 注意事项： | （1）练习之前，做好充分的热身活动，尤其是上肢部分
（2）翻转过程中，身体保持绷紧状态，避免出现身体弯曲现象 |

四、滚动练习

（一）前后团身摇动

图4-1-9　前后团身摇动

1. 动作描述：	蹲撑开始，推手使身体后倒，低头含胸圆背，同时屈膝抱腿，向上翻臀身体向后滚动；然后当臀部下落时，上体前压，身体向前滚动，脚积极着地以结束动作，类似不倒翁练习（图4-1-9）
2. 完成练习的前提：	蹲撑
3. 使用的主要肌肉：	腰腹肌肉
4. 课程学习效果体现：	做小范围动作时能始终保持对身体的控制，通过学习滚动运动技能提高身体滚动意识和空间感觉
5. 进阶（拓展）练习：	在具有一定坡度的平面上完成动作
6. 注意事项：	（1）滚动过程中，腰腹发力，身体保持收紧，避免出现身体倾倒现象 （2）滚动过程中，身体内收不充分，易造成滚动速度不快、内收和滚动不协调等现象

（二）侧滚动

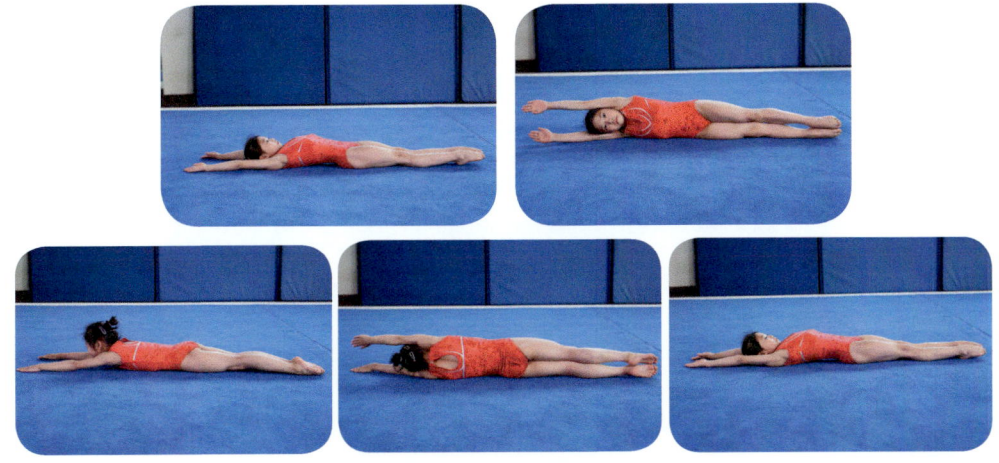

图4-1-10 侧滚动

1. 动作描述：	身体平躺，手臂伸直放在头部上方，身体保持紧绷状态，在保持这种状态的同时，腰腹发力，身体向一个方向滚动，然后再沿反方向翻滚回来（图4-1-10）
2. 完成练习的前提：	直体姿势
3. 使用的主要肌肉：	躯干肌群
4. 课程学习效果体现：	通过侧滚动练习，使身体保持绷紧状态，发展身体的空间意识、身体意识和身体控制力
5. 进阶（拓展）练习：	以跪肘撑开始，进行团身侧滚动练习
6. 注意事项：	滚动时，保持身体处于绷紧状态，避免出现身体松散、动作不连贯等现象

（三）前滚翻

图4-1-11 前滚翻

1. 动作描述：	身体半蹲，两臂向前伸直，然后把手放在脚的前方，同时下巴向胸部收紧，两脚蹬地，身体向前倾斜，两臂屈臂缓冲慢慢让身体的重量过渡到肩背上，保持身体为球状，向前翻滚直至还原到半蹲姿势（图4-1-11）
2. 完成练习的前提：	前滚翻至屈膝坐姿，以及在三角垫上完成前滚翻
3. 使用的主要肌肉：	手臂肌肉、腰腹肌肉、腿部肌肉
4. 课程学习效果体现：	有控制地在特定区域移动，学会关键动作的运动模式，增强空间意识
5. 进阶（拓展）练习：	（1）可尝试以分腿站姿为起始与结束动作来进行此项练习 （2）可尝试在一个纵向摆放的稳固盒子上来进行此项练习
6. 注意事项：	（1）练习的任何环节都不应该将身体重量落在头部和颈部 （2）练习过程中，有效地控制身体，避免出现团身不紧、滚动不圆现象

（四）后滚翻

图4-1-12　后滚翻

1. 动作描述：	身体保持屈腿蹲坐，两臂向前伸直，两手掌心向下，当重心后移时，含胸、圆背，后倒，两手向头两侧撑地，翻臀，两手推地，两脚着地起立（图4-1-12）
2. 完成练习的前提：	斜面后滚翻

3. 使用的主要肌肉：	手臂肌肉、腰腹肌肉、腿部肌肉
4. 课程学习效果体现：	学习后滚翻运动技能，增强空间意识，掌握安全落地技巧
5. 进阶（拓展）练习：	在高于地面的平面上进行练习
6. 注意事项：	（1）练习的任何环节都不应该将身体重量落在头部和颈部 （2）后滚翻时，容易出现后倒、臀部后移而不是团身后倒，使滚翻失去速度现象

五、垫上组合

站立开始，通过分腿躯体撑爬（大象行）和蟹爬两种方式到达指定位置，身体成前撑姿势，进行前滚翻站立结束动作。

第二节 蹦床

一、网上跳起

图 4-2-1 并腿小跳

1. 动作描述：	身体直立，两眼平视，两手叉腰，利用踝关节的屈伸，向上跳起，并腿落下（图4-2-1）
2. 使用的主要肌肉：	腿部肌肉
3. 课程学习效果体现：	学习基本的弹跳技能，加强踝关节力量，培养空间意识，有控制地在空中完成特定动作

4. 进阶（拓展）练习：	分腿小跳
5. 注意事项：	身体在空中时，始终保持绷紧状态，避免出现低头看地、上身松散现象

（二）垂直跳

图4-2-2　垂直跳

1. 动作描述：	身体直立，两眼平视，两手叉腰，利用踝、膝关节的屈伸，并借助网的弹性，使重心上下移动，向上跳起时，两臂伸直由下经前向上至上举；下落时，两臂稍侧分、向下至体侧，进行垂直跳动（图4-2-2）
2. 使用的主要肌肉：	腿部肌肉、腰腹肌肉

3. 课程学习效果体现：	通过学习垂直跳，加强踝关节和膝关节力量，培养空间意识，身体保持收紧，有控制地在空中完成特定动作
4. 进阶（拓展）练习：	连续进行多次垂直跳
5. 注意事项：	（1）做动作时，做好充分的热身活动，避免出现膝、踝关节动作配合不协调现象，造成膝关节损伤 （2）身体在空中时，始终保持绷紧状态，避免出现低头看地、上身松散现象

（三）左右分合跳

图4-2-3　左右分合跳

1. 动作描述：	身体直立，两眼平视，两手叉腰，利用踝、膝关节的屈伸，并借助网的弹性，向上跳起，单拍侧分腿落网和双拍并腿落网交替进行
2. 完成练习的前提：	前后分合跳
3. 使用的主要肌肉：	腿部肌肉、腰腹肌肉
4. 课程学习效果体现：	有控制的在空中完成特定动作，运用相关技巧塑造身体形态，培养空间意识，提高形体变换能力
5. 进阶（拓展）练习：	侧分腿跳（附录）和前后分腿跳（附录）

| 6. 注意事项: | 跳跃过程中,加强对身体的控制,避免出现动作节奏不够清晰,身体控制分腿不协调等现象 |

(四)分腿屈体跳

图4-2-4 分腿屈体跳

1. 动作描述:	身体直立,两眼平视,自然带臂起跳,两腿向两侧分同时屈体(髋角约90°)手摸脚尖,随着身体下落,迅速展体并腿"落网"(图4-2-4)
2. 完成练习的前提:	团身跳(附录)
3. 使用的主要肌肉:	腿部肌肉、背部肌肉
4. 课程学习效果体现:	有控制地在空中完成特定动作,运用相关技巧塑造身体形态,培养空间意识和安全意识,提高形体变换能力和平衡能力
5. 进阶(拓展)练习:	团身并腿屈体跳(附录)
6. 注意事项:	空中完成分腿动作后,加强对身体的控制,迅速进行收腿,注意落地前完成收腿,两脚同时落网

二、网上弹起

（一）跪弹起

图4-2-5　跪弹起

1. 动作描述：	直立，跳起屈膝落网，利用网的弹性，迅速向上带动手臂，伸膝、弹起后站立（图4-2-5）
2. 完成练习的前提：	跪姿
3. 使用的主要肌肉：	腿部肌肉、腰腹肌肉、手臂肌肉
4. 课程学习效果体现：	通过上肢和腰腹发力，有控制地完成特定动作，提高身体的形体变换能力和平衡能力
5. 进阶（拓展）练习：	跪弹转体（附录）
6. 注意事项：	（1）跳起屈膝落网时，避免发生膝盖与脚面未同时落网现象 （2）弹起站立后容易出现重心不稳、身体摇摆等现象，应加强对身体的控制

（二）坐弹起

图4-2-6　坐弹起

1. 动作描述：	直立，跳起成屈体坐姿落网，利用网的弹性，迅速向上带动手臂，下压脚尖，展髋，站立（图4-2-6）
2. 完成练习的前提：	屈体坐立姿势
3. 使用的主要肌肉：	腿部肌肉、腰腹肌肉、手臂肌肉
4. 课程学习效果体现：	通过上肢和腰腹发力，有控制地完成特定动作，提高身体的形体变换能力和平衡能力
5. 进阶（拓展）练习：	坐弹转体
6. 注意事项：	（1）跳起成屈体坐姿落网时，避免出现屈体不充分现象 （2）弹起站立后容易出现重心不稳、身体摇摆等现象，辅导员应做好充分的保护工作

三、网上转体

（一）直体跳转90°

图4-2-7　直体跳转90°

1. 动作描述：	直立，自然带臂起跳，在空中腰腹、手臂发力，头、肩、髋、脚同步向一侧转动90°站立（图4-2-7）
2. 完成练习的前提：	垂直跳
3. 使用的主要肌肉：	腿部肌肉、腰腹肌肉、手臂肌肉
4. 课程学习效果体现：	掌握跳转运动模式，培养空间感知能力和平衡能力，提高执行动作的自控能
5. 进阶（拓展）练习：	直体跳转180°或直体跳转360°
6. 注意事项：	（1）练习过程中，注意转体时身体保持收紧状态，避免出现身体不直、上下肢转体不同步现象 （2）下落过程中容易出现重心偏移、站立不稳现象，辅导员应做好充分的保护工作

（二）跪弹转体90°

图4-2-8　跪弹转体90°

1. 动作描述：	直立，跳起屈膝落网，向上带臂的同时，以肩带动向右或向左转体90°成站立（图4-2-8）
2. 完成练习的前提：	跪弹起
3. 使用的主要肌肉：	腿部肌肉、腰腹肌肉、手臂肌肉、肩膀肌肉
4. 课程学习效果体现：	有控制地完成特定动作，培养空间感知能力和平衡能力，提高身体的协调性
5. 进阶（拓展）练习：	跪弹跳转180°

6. 注意事项：	练习转体过程中，身体保持收紧状态，控制重心稳定，辅导员做好充分的保护工作

（三）坐弹转体90°

图4-2-9　坐弹转体90°

1. 动作描述：	直立，跳起成屈体坐姿落网，向上带臂的同时，以肩带动向右或向左转体90°成站立（图4-2-9）
2. 完成练习的前提：	坐弹起
3. 使用的主要肌肉：	腿部肌肉、腰腹肌肉、手臂肌肉、肩膀肌肉
4. 课程学习效果体现：	有控制地完成特定动作，培养空间感知能力和平衡能力，提高身体的协调性
5. 进阶（拓展）练习：	坐弹跳转180°
6. 注意事项：	转体过程中，避免出现转体时腰腹松懈，动作变形现象

（四）网上组合

并腿小跳开始，跳跃4次，然后分别进行前后、左右分合跳各4次站立落网，依次完成直体跳转90°、跪弹转体90°、坐弹转体90°结束动作。

第三节　双杠

一、支撑练习

（一）杠上静止支撑

图4-3-1　杠上静止支撑

1. 动作描述：	杠中站立开始，两手向前握杠，跳上成支撑，手臂伸直，身体保持绷紧，绷脚尖静止3~5秒（图4-3-1）
2. 完成练习的前提：	前撑
3. 使用的主要肌肉：	腰腹肌肉、手臂肌肉、肩膀肌肉
4. 课程学习效果体现：	在特定区域有控制地展示静止动作时，运用恰当的技巧使身体展现规定的形状，锻炼力量，提高身体控制力和平衡能力
5. 进阶（拓展）练习：	尝试做屈膝动作或者身体呈"L"状
6. 注意事项：	（1）所用的双杠不应高于班上最低身高孩子的肩膀 （2）练习之前，应做好充分的热身活动，尤其是上肢部分 （3）练习过程中，身体保持绷紧状态，避免出现塌肩、双臂弯曲、低头看地等现象 练习器材：双杠

（二）支撑摆动

图4-3-2　支撑摆动

1. 动作描述：	杠上静止支撑开始，双腿后摆、脚后伸，带动髋关节向后送出，待身体下落、重心过垂直线后，以肩为轴，加速前摆，重复动作（图4-3-2）
2. 完成练习的前提：	杠上静止支撑
3. 使用的主要肌肉：	腰腹肌肉、手臂肌肉、肩膀肌肉
4. 课程学习效果体现：	锻炼身体的控制力和平衡能力，提高身体在摆动过程中对重心的控制
5. 进阶（拓展）练习：	尝试增加身体摆动的幅度
6. 注意事项：	（1）所用的双杠不应高于班上最低身高孩子的肩膀 （2）练习之前，应做好充分的热身活动，尤其是上肢部分 （3）练习过程中注意以肩为轴展髋摆动，身体始终保持绷紧状态，避免出现塌肩、收髋、缩臀等现象 练习器材：双杠

二、悬垂练习

（一）双杠倒悬挂

图4-3-3　双杠倒悬挂

1. 动作描述：	双手握杆，腰腹发力试着通过屈膝姿势或双腿并拢姿势把腿上举伸直，直到身体呈倒立姿势（图4-3-3）
2. 完成练习的前提：	在双杠上屈膝或身体成"L"形悬垂（附录）
3. 使用的主要肌肉：	手臂肌肉、肩膀肌肉、腰腹肌肉
4. 课程学习效果体现：	锻炼手臂力量和腹部力量，感受倒立姿态，培养空间感知意识和平衡意识
5. 进阶（拓展）练习：	试着先从屈膝到直体姿势，或者身体成"L"状到直体姿势，尽可能多尝试几遍
6. 注意事项：	（1）所用的双杠必须足够高，能够允许孩子倒立，而且孩子头部到地面的距离必须在50厘米左右 （2）练习之前，应做好充分的热身活动，尤其是上肢部分 （3）倒立过程中，利用腰腹核心力量控制倒立时的身体稳定 练习器材：双杠

（二）悬垂摆动

图4-3-4 悬垂摆动

1. 动作描述：	两手分别正握杠（附录），两腿用力蹬地，收腹屈腿上举。借蹬地力量主动积极前摆，当摆至最高点时，大腿稍向后压，使身体回摆，后摆至最高点时，拉臂，两脚落地成站立悬垂 （图4-3-4）
2. 完成练习的前提：	屈腿悬垂（附录）
3. 使用的主要肌肉：	手臂肌肉、肩膀肌肉、腰腹肌肉
4. 课程学习效果体现：	学习体操悬垂动作，提高身体执行动作的控制能力和增加手臂力量
5. 进阶（拓展）练习：	适当增加摆动的幅度和速度
6. 注意事项：	（1）辅导员做好充分的保护与帮助，一只手握孩子的手腕，另一只手托背部 （2）练习前，应做好充分的热身活动，尤其是上肢部分 练习器材：双杠

三、杠上移动练习

（一）模仿动物行走

图4-3-5 模仿动物行走

1. 动作描述：	两手、两脚分别放在杠上，按熊爬或蟹爬的动作进行杠上移动练习，重点确保教学所用的双杠或长凳稳固、抗滑（图4-3-5）
（二）完成练习的前提：	熊爬、蟹爬和安全落地
（三）使用的主要肌肉：	手臂肌肉、胸肌、腰腹肌肉、腿部肌肉
（四）课程学习效果体现：	在做适中的移动时能始终保持身体控制，能够向不同的方向移动，掌握正确的移动技巧及平衡感
（五）进阶（拓展）练习：	（1）可以试着侧身爬行，或向后爬行 （2）可让孩子模仿自己想模仿的动物行走
（六）注意事项：	（1）杠子的高度设置必须不高于班里最低身高孩子的胯部，辅导员要做好充分的保护工作 （2）练习之前，应做好充分的热身活动，尤其是上肢部分 练习器材：双杠

（二）"十"字撑移动

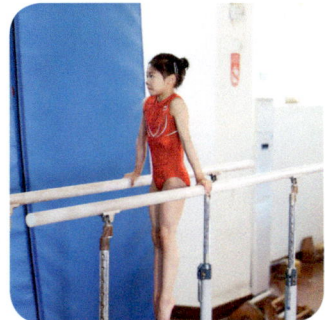

图4-3-6 "十"字撑移动

1. 动作描述：	两手握住杠子，往上跳形成支撑姿势，身体重心左右转移，手掌推离杠面，依次向前移动（图4-3-6）
2. 完成练习的前提：	前撑、"十"字撑和安全落地
3. 使用的主要肌肉：	上臂肌肉、胸肌、腰腹肌肉、背阔肌
4. 课程学习效果体现：	在做适中的移动时能始终保持身体控制，为了展示具体的运动技能，可展示恰当的技巧
5. 进阶（拓展）练习：	尝试往后移动练习

6. 注意事项：	（1）杠子的高度设置不高于班里最低身高孩子的胯部 （2）这个技术动作相对较难，必须是信任孩子的能力之后才教这个动作 （3）练习之前，应做好充分的热身活动，尤其是上肢部分 练习器材：双杠

四、下法——前摆跳下（以左侧下为例）

图4-3-7 前摆跳下（以左侧下为例）

1. 动作描述：	从杠上静止支撑开始，进行支撑摆动，当前摆到最高点时，脚尖带动，双手推杠，使身体移至左杠外侧，右脚脚尖下压，换右手握杠，屈膝缓冲落地（图4-3-7）
2. 完成练习的前提：	杠上静止支撑和支撑摆动
3. 使用的主要肌肉：	手臂肌肉、肩膀肌肉、腰腹肌肉、背阔肌
4. 课程学习效果体现：	有控制地在特定区域完成动作，学习体操下法这一重要运动技能，合理运用技巧进行练习，提高身体的协调能力

5.进阶（拓展）练习：	尝试后摆转体下
6.注意事项：	（1）这个动作相对较难，必须确信孩子的能力之后方可练习 （2）练习前，应做好充分的热身活动，尤其是上肢部分 练习器材:双杠

五、双杠组合

杠上支撑开始，然后进行"十"字撑移动到双杠中间位置，进行支撑摆动，最后前摆跳下结束动作。

第四节　跳跃

一、助跑起跳——助跑上板起跳

图4-4-1　助跑上板起跳

1. 动作描述：	由助跑开始，眼睛看着器械，上身稍前倾，前脚掌着地，后腿充分蹬直，最后一步积极用力蹬地，同时前腿膝盖前抬，两手臂向后引，两脚快速并腿踏板起跳；同时，向前上方用力带起手臂、直体跳起、落地站稳（图4-4-1）
2. 完成动作的前提：	原地起跳、踏板起跳
3. 使用的主要肌肉：	腿部肌肉、腰腹肌肉
4. 课程学习效果体现：	掌握利用两脚蹬地和两臂的力量带动身体向上的技巧
5. 进阶（拓展）练习：	三步上板起跳
6. 注意事项：	容易出现动作不连贯。教师应站在起跳板前孩子落地的一侧，一手在前另一手在腰部挡扶 练习器材：助跳板

二、跳上器械及跳下

（一）跳上成蹲撑

图4-4-2　跳上成蹲撑

1. 动作描述：	助跑5~10步，上板起跳、两手撑60~70厘米高垫，同时收紧腰腹，膝盖迅速弯曲上收靠近胸部，双脚落垫成蹲撑
2. 完成动作的前提：	助跑垂直跳（附录）
3. 使用的主要肌肉：	手臂肌肉、腿部肌肉、腰腹肌肉
4. 课程学习效果体现：	起跳有力，起跳后两手及时撑住垫子，同时含胸提臀，两腿尽力屈膝上收，始终保持对身体的控制
5. 进阶（拓展）练习：	动作熟练时，可以试着增加垫子的高度；也可以做跳上成屈体分腿立撑、跳上团身前滚翻（60~70厘米的高垫）
6. 注意事项：	容易出现动作不连贯、步伐不清晰的问题；教师要站在器械的前侧，当孩子跳上成蹲撑时，一只手扶住孩子的手臂上方部位，另一只手托住孩子的大腿帮助他完成蹲撑 练习器材：助跳板、垫子

（二）从器械上挺身跳下

图4-4-3　从器械上挺身跳下

1. 动作描述：	身体呈直立状态站在高约60厘米的跳箱上，屈膝半蹲，两只手臂向身后引，两脚向下蹬地的同时，两只手臂积极向前上方摆动，使身体尽量向上高高腾起；接着收紧腰腹，在接近最高点时展开两肩，挺身，然后控制身体平衡至落地（图4-4-3）
2. 完成动作的前提：	原地挺身跳（附录）

3. 使用的主要肌肉：	手臂肌肉、腰腹肌肉、腿部肌肉
4. 课程学习效果体现：	身体充分伸展，蹬地有力量，动作协调连贯，保持身体姿势准确
5. 进阶（拓展）练习：	从器械上团身跳下（附录）
6. 注意事项：	容易出现起跳不稳、挺身不充分的情况；教师要站在跳箱前孩子落地的一侧，两手前挡后扶，维持其身体平衡，防止孩子前后摔倒 练习器材：垫子

三、支撑跳跃

（一）原地支撑分腿跳

图4-4-4　原地支撑分腿跳

1. 动作描述：	原地双脚起跳，两手与肩同宽，直臂支撑，两手支撑器械，提臀，两腿伸直向两侧分开，落地时两脚并拢屈膝缓冲（图4-4-4）
2. 完成动作的前提：	垫上做前臂支撑和分腿姿势
3. 使用的主要肌肉：	手臂肌肉、腰腹肌肉、腿部肌肉
4. 课程学习效果体现：	两臂撑箱，两侧分腿有一定的角度，动作协调流畅
5. 进阶（拓展）练习：	助跑支撑屈腿跳（附录）
6. 注意事项：	器械的高度应适中，根据孩子的身高做相应的调整，让孩子通过一定的努力能达到动作的标准 练习器材：垫子

（二）助跑分腿腾越

图4-4-5　助跑分腿腾越

1. 动作描述：	身体呈直立姿势，快速助跑，积极上板，踏跳快速有力，充分蹬直踝关节、膝关节。同时收紧腰腹，上体稍前倾，向前上方腾起，两臂前伸撑"山羊"，顶肩推手，同时两腿侧分，分腿腾越，跳下成站立
2. 完成动作的前提：	原地分腿跳
3. 使用的主要肌肉：	手臂肌肉、腰腹肌肉、腿部肌肉
4. 课程学习效果体现：	有节奏地助跑，上板有力，腾空有一定的距离，分腿角度尽量大，能掌握一定的身体控制能力和平衡
5. 进阶（拓展）练习：	蹲腾跃（附录）
6. 注意事项：	助跑的距离要适中，教练员多做示范讲解，循序渐进，不可急于追求动作效果，教练员站在练习者落地一侧加强保护 练习器材：体操山羊、垫子

第五节　单杠

一、上法——翻身上

图4-5-1　翻身上

1. 动作描述：	杠前站立、两手正握杠，上一步屈臂带动身体，摆动腿向前上方摆，另一条腿积极蹬地向摆动腿并拢，腹部尽早靠杠。当上身翻至杠前水平位置时，制动（附录）两腿，抬头挺身，翻手腕，成支撑（图4-5-1）
2. 完成动作的前提：	在低单杠上屈臂引体
3. 使用的主要肌肉：	上臂肌肉、腹部肌肉
4. 课程学习效果体现：	整套动作应连贯流畅，身体配合协调，能准确地控制动作
5. 进阶（拓展）练习：	慢翻上、屈身上
6. 注意事项：	容易出现翻腕成支撑不连贯的问题；教师需站在杠前一侧，一只手托住孩子的髋部，另一只手托住肩，当腹部靠杠时，换成另一只手托肩，另一只手托住腿 练习器材：单杠

60

二、悬垂练习

（一）屈腿悬垂

图4-5-2　屈腿悬垂

1. 动作描述：	直体悬挂在杠子上，慢慢将两腿向前抬起，形成屈腿姿势，使身体尽量呈"L"状（图4-5-2）
2. 完成练习的前提：	直体悬垂
3. 使用的主要肌肉：	手臂肌肉、手部肌肉和腹肌
4. 课程学习效果体现：	能在单杠上悬垂一定时间，当展示具体的静止动作技能时，可以展示恰当的技巧，能表现对动作的控制能力
5. 进阶（拓展）练习：	尝试在不脱离杠的情况下转换不同的姿势，如分腿悬垂屈、直角悬垂
6. 注意事项：	杠上悬垂时两手要紧握杠，教练员要站在孩子身后进行保护 练习器材：单杠

（二）悬垂移位

图4-5-3　悬垂移位

（一）动作描述：	从杠侧站立开始（以向左侧移动为例），由教师抱上或自己跳上正握杠，成悬垂；左手向左移动，右手向前跟进，依次侧移至另一侧杠端，跳下站立结束（图4-5-3）
2. 完成动作的前提：	直体悬垂
3. 使用的主要肌肉：	上臂肌肉，手部肌肉
4. 课程学习效果体现：	能够平稳顺畅地在单杠上移动，动作协调有力
5. 进阶（拓展）练习：	悬垂移动的同时，用脚夹球，运到杠端
6. 注意事项：	容易出现移动节奏不连贯的问题；教师需站在孩子的后面跟进保护，初期可扶住他们的髋，帮助移动 练习器材：单杠

（三）悬垂"振摆"

图4-5-4　悬垂"振摆"

1. 动作描述：	从正握悬垂开始，向前稍举脚尖，向后摆腿，肩放松，伸髋；脚尖前踢，含胸、肩背向后，身体前、后"振摆"（图4-5-4）
2. 完成动作的前提：	直体悬垂，在单杠上小幅度摆动
3. 使用的主要肌肉：	上臂肌肉，手部肌肉、腹部肌肉
4. 课程学习效果体现：	全身协调配合、不脱节，"振摆"流畅有节奏
5. 进阶（拓展）练习：	适当增加悬垂"振摆"的幅度
6. 注意事项：	练习时容易出现肩紧、节奏不好的问题，另外，在练习此动作时教练员需站在杠下练习者的侧方，后摆甩腿时，向后上方托腹或大腿；前摆踢腿时向前上方托腰，帮助摆动，同时应观察孩子的双手，防止手脱离杠面 练习器材：单杠

（四）走浪回摆

图4-5-5　走浪回摆

1. 动作描述：	杠前站立，双手正握杠，左脚开始向前走三步，左脚蹬地、右脚前伸，两脚并拢离地，向前送肩（附录）、伸髋（附录）；身体自然放松回摆至杠后站立（图4-5-5）
2. 完成动作的前提：	悬垂摆荡
3. 使用的主要肌肉：	上臂肌肉、腹部肌肉

4. 课程学习效果体现：	能保持动作协调流畅，身体自然回摆，掌握一定的身体控制能力
5. 进阶（拓展）练习：	走浪转体180°（附录）
6. 注意事项：	容易出现前伸（附录）不充分、动作脱节等问题，教练员应加强帮扶指导 练习器材：单杠

三、支撑练习——杠上支撑

图4-5-6 杠上支撑

1. 动作描述：	面朝杠站立，两手紧握单杠，两脚用地蹬地，手臂带动身体撑在杠面，手臂必须保持笔直，完全伸展，头往上抬（图4-5-6）
2. 完成动作的前提：	在平衡木上做支撑
3. 使用的主要肌肉：	上臂肌肉、腰腹肌肉
4. 课程学习效果体现：	有控制地在单杠上展示动作，做静止动作时可展示一定的平衡力和身体控制力
5. 进阶（拓展）练习：	可在其他的器械上做动作，比如盒顶、平凳、鞍马、跳马
6. 注意事项：	不能把腹部抵在杠上，而是用大腿区域：孩子在做动作时，身体在杠上容易倾斜弯曲，难以平衡。教师练员站在杠前侧，一只手抵住孩子的肩部，另一只手托住大腿，帮助他们保持身体平衡 练习器材：单杠

四、下法

（一）支撑前翻下

图4-5-7　支撑前翻下

1. 动作描述：	由支撑开始，上体前倒时，小腹要紧靠单杠。先将两手扣握，然后臀部和两腿再缓慢前翻。两腿沿杠下落时，两臂和腹肌要紧收用力缓慢下落（图4-5-7）
2. 完成动作的前提：	单杠成支撑
3. 使用的主要肌肉：	上臂肌肉、腰腹肌肉
4. 课程学习效果体现：	上体往前倒时，小腹紧贴单杠；两腿沿杠下落时，两臂和腹肌紧收用力，整体动作顺利流畅
5. 进阶（拓展）练习：	支撑后摆下

6. 注意事项：	教练员应站在杠前一侧，孩子在做前翻时，一只手托他的肩膀，另一只手托腰，帮助他们缓慢前翻下落 练习器材：单杠

（二）后摆跳下

图4-5-8　后摆跳下

1. 动作描述：	跳上单杠成支撑，正握，两腿向前摆动，同时低头含胸、背部稍拱，上体稍微前倾。接着两腿用力向后上方摆起，不可屈臂，肩膀夹紧，两手撑杠。当后摆接近最高点时，两腿积极下压同时两手用力推杠，展体跳下，落地缓冲
2. 完成动作的前提：	杠上支撑及支撑摆动
3. 使用的主要肌肉：	上臂肌肉、腰腹肌肉
4. 课程学习效果体现：	展体腾空时身体舒展，保持一定的高度和远度；后摆跳下时，推杠要利落有力
5. 进阶（拓展）练习：	后摆下接转体180°
6. 注意事项：	容易出现屈臂、冲肩（附录）的问题；教练员应站在杠后一侧，一只手扶住孩子的肩部，另一只手顺势向后方托大腿，帮助他们后摆。落地时，一只手扶上臂，另一只手扶背 练习器材：单杠

第六节 平衡木

一、舞蹈

（一）弹簧步

图4-6-1　弹簧步

1. 动作描述：	右腿站立，左腿伸直前举，双臂侧平举。左腿由脚尖经前脚掌至全脚掌落木，柔和地屈膝经半蹲，同时右腿小腿放松、膝盖前抬，接着左腿膝盖柔和地伸直起立，同时右脚尖稍外旋小腿前伸，做下一个弹簧步（图4-6-1）
2. 完成动作的前提：	在平衡木上踏步、走步
3. 使用的主要肌肉：	小腿肌肉
4. 课程学习效果体现：	动作流畅柔和，能掌握对动作的控制能力
5. 进阶（拓展）练习：	脚尖步（附录）、柔软步（附录）
6. 注意事项：	脚落木时，腿柔和地屈膝半蹲、接着柔和伸直成站立；容易出现膝盖的屈伸不柔和的问题，教练员应组织孩子在地面上多做练习 练习器材：平衡木

（二）前踢-后摆腿

图4-6-2　前踢-后摆腿

1. 动作描述：	从纵木双脚站立开始，左脚上步，重心落在左腿，同时右腿伸直，脚尖带动（膝盖压住），髋部放松，由下经前向上踢出；右脚落木，重心移至右腿，同时左腿伸直，以脚尖带动由下向后上方摆腿45°左右
2. 完成动作的前提：	平衡木上走步、单腿立
3. 使用的主要肌肉：	腿部肌肉
4. 课程学习效果体现：	动作稳定，能顺利完成前提后摆，流畅完整，并在此基础上呈现美感
5. 进阶（拓展）练习：	加大前踢后摆的幅度，尽量达到90°
6. 注意事项：	在做前踢、后摆腿时，膝盖可能会不经意地弯曲，腿下落时可能无法有效控制，教练员需加强指导 练习器材：平衡木

（三）身体波浪

图4-6-3　身体波浪

1. 动作描述：	纵木站立，低头、含胸、屈膝，双臂上举；按膝、髋、胸、头的顺序依次向前上方顶出；两臂由体前经下向后绕至斜上举（图4-6-3）
2. 完成动作的前提：	头部、胸部、髋部分别做前挺与收回的练习
3. 使用的主要肌肉：	胸部肌肉、腰腹肌肉
4. 课程学习效果体现：	按膝、髋、胸、头的顺序依次向前上方顶出；身体的含、挺变化明显；与两臂绕环动作协调配合
5. 进阶（拓展）练习：	身体侧波浪（附录）
6. 注意事项：	容易出现波浪动作顺序不对、向前上方挺胸、抬头时塌腰、手臂动作与身体波浪配合不协调等问题 练习器材：平衡木

二、跳步

（一）原地直体跳

图4-6-4 原地直体跳

1. 动作描述：	纵木站立，起跳时屈膝半蹲，两脚压木，接着迅速伸直髋、膝、踝关节至脚尖，蹬离木面向上跳起，同时两臂充分上摆；身体在空中充分伸直，两腿夹紧；落地时由前脚掌至全脚掌落地，经半蹲再伸直腿成站立，两臂下落放在身体两侧（图4-6-4）
2. 完成动作的前提：	在弹板或弹网上连续直体跳
3. 使用的主要肌肉：	小腿肌肉
4. 课程学习效果体现：	起跳时充分伸直髋、膝、踝关节至脚尖蹬离木；身体始终保持正直
5. 进阶（拓展）练习：	尝试增加直体跳的高度
6. 注意事项：	容易出现起跳不充分、身体不直等问题，教练员应在平衡木旁加强指导与保护 练习器材：平衡木

（二）直体小交换腿跳

图4-6-5　直体小交换腿跳

1. 动作描述：	纵木站立，屈膝半蹲，两脚压木，迅速伸直髋、膝、踝关节至脚尖蹬离木向上跳起，同时两臂充分下摆；身体充分伸直，两腿夹紧，脚背绷直；两腿前、后小交换一个来回；前脚掌至全脚掌落地，经半蹲伸直腿成站立，两臂下落至体侧（图4-6-5）
2. 完成动作的前提：	平衡木上直体跳
3. 使用的主要肌肉：	腿部肌肉、腹部肌肉
4. 课程学习效果体现：	起跳时充分伸直髋、膝、踝关节至脚尖；空中小交换腿明显；身体始终保持正直
5. 进阶（拓展）练习：	向后交换腿跳
6. 注意事项：	容易出现身体松懈、交换腿不明显等问题。教练员应指导孩子在地面上多做练习，等孩子掌握动作要点后，再在平衡木上练习动作并加强保护 练习器材：平衡木

三、转体

（一）双足转体90°

图4-6-6　双足转体90°

1. 动作描述：	纵木站立（以左脚在前的站立转体为例），左脚紧靠于右脚前，两脚脚跟向内夹紧，起踵，重心落在前脚掌一、二、三脚趾上；身体正直，收腹、夹臀，头部上顶，两脚前掌下压，与肩、髋同时向右转90°，两臂上举；转体结束时，保持短暂的起踵（附录）姿势（图4-6-6）
2. 完成动作的前提：	原地练习双足转体90°
3. 使用的主要肌肉：	腿部肌肉
4. 课程学习效果体现：	转体时呈身体收紧状态，脚、肩、髋配合协调
5. 进阶（拓展）练习：	双足转体180°
6. 注意事项：	容易出现转体时未保持起踵，身体不直，肩、髋、脚的拧转不一致的问题。教师在孩子练习动作时不时提醒，加强指导 练习器材：平衡木

（二）两足蹲转90°

图4-6-7　两足蹲转90°

1. 动作描述：	纵木蹲立，两臂侧平举（以左脚在前的蹲立转体为例），两脚靠紧，起踵蹲立，重心落在前脚掌一、二、三脚趾上；身体正直，收腹立腰（附录），头部上顶，两脚前掌下压向右拧转，与肩、髋同时右转90°，两臂经侧下落至体侧；转体结束时保持短暂的蹲立姿势（图4-6-7）
2. 完成动作的前提：	地上蹲立练习、地上蹲立进行向前脚尖走
3. 使用的主要肌肉：	腿部肌肉
4. 课程学习效果体现：	蹲转中，上体能够始终保持正直，收腹立腰，动作表现顺畅的同时能够兼顾美感
5. 进阶（拓展）练习：	两足蹲转180°
6. 注意事项：	容易出现上体不直、臀部后坐、腰部松懈的问题。教师应站在孩子的体侧，在转体过程中一直触摸孩子的头顶，保持蹲立高度，直至转体结束 练习器材：平衡木

四、平衡

（一）两足起踵立

图4-6-8　两足起踵立

1. 动作描述：	纵木站立，两脚靠近，脚跟向内夹紧，尽量高起踵，重心落在两脚脚掌一、二、三脚趾上；身体保持正直，收腹夹臀立腰，静止2秒；两臂姿势可自选（图4-6-8）
2. 完成动作的前提：	原地提踵站立

3. 使用的主要肌肉：	小腿肌肉
4. 课程学习效果体现：	始终保持身体正直，眼睛平视前方，动作平稳
5. 进阶（拓展）练习：	单足起踵立、踮着脚尖走
6. 注意事项：	容易出现两腿未夹紧、重心倒向小脚趾、身体或两腿松懈的问题，教师应指导孩子在地面加强辅助练习，循序渐进 练习器材：平衡木

（二）单腿站立平衡

图4-6-9　单腿站立平衡

1. 动作描述：	纵木站立，单腿上步成单腿站立（可直腿或屈腿），腿部肌肉收紧，五脚趾抓木；另一腿可以向后、向前或向侧举起；上体挺拔，腰背肌肉保持适度紧张，静止2秒（图4-6-9）
2. 完成动作的前提：	原地单腿站立平衡
3. 使用的主要肌肉：	腿部肌肉、腰腹肌肉
4. 课程学习效果体现：	单腿站立平衡时身体保持平稳、挺拔，孩子能够在平衡木上很好地控制身体
5. 进阶（拓展）练习：	燕式平衡
6. 注意事项：	容易出现身体或支撑腿松懈、五脚趾未抓紧木面等问题，教练员需加强保护与帮助 练习器材：平衡木

第七节　吊环

一、上肢不同姿势的悬垂

（一）直臂悬垂

图4-7-1　直臂悬垂

1. 动作描述：	两手紧握双环，两腿伸直，身体保持直立姿态，身体稳定（图4-7-1）
2. 完成练习的前提：	身体立正站直，两臂伸直上举
3. 使用的主要肌肉：	三角肌
4. 课程学习效果体现：	让孩子们通过直臂悬垂，上肢力量得到初步提高，并能够通过练习中，坚持一定的时间
5. 进阶（拓展）练习：	屈臂悬垂
6. 注意事项：	吊环下面放置一定厚度的海绵垫，且吊环距离海绵垫的高度不能太高（略高于孩子的身高）。这个年龄段的孩子上肢力量比较弱，在进行吊环练习时，教练员可辅助孩子上拉，并注意保护与帮助 练习器材：吊环

（二）屈臂悬垂

图4-7-2　屈臂悬垂

1. 动作描述：	双手紧握双环，身体保持直立姿态，腿绷直，在教练员或器材的辅助下，上臂慢慢由直立状态变为弯曲状态，缓慢向上拉动身体（图4-7-2）
2. 完成动作的前提：	直臂悬垂
3. 使用的主要肌肉：	三角肌、肱二头肌
4. 课程学习效果体现：	上臂肌肉得到发展，能领会正确的动作技能。在一定的移动空间内，有意识地控制身体，向上移动一定距离
5. 进阶（拓展）练习：	吊环向上做引体向上的动作
6. 注意事项：	在做屈臂悬垂上升时，教练员一定要对孩子的保护帮助。孩子肌肉力量肉比较弱，如果拉不上去，容易产生挫败感，因此在教学过程中要多鼓励孩子 练习器材：吊环

二、下肢不同姿态的悬垂

（一）悬垂团身举腿

图4-7-3　悬垂团身举腿

1. 动作描述：	两手紧握双环，两腿屈膝团身，膝盖尽量靠近胸部（图4-7-3）
2. 完成动作的前提：	直臂悬垂
3. 使用的主要肌肉：	三角肌、髂腰肌
4. 课程学习效果体现：	通过练习，孩子的腰腹力量得到加强，并能有意识地控制身体肌肉力量，展示恰当的运动技能
5. 进阶（拓展）练习：	悬垂团身举腿加悬垂展体（附录）
6. 注意事项：	在练习过程中，两手不能离开吊环。吊环时孩子的臀部最低端距离垫子的距离，不能超过最矮孩子的身高 练习器材：吊环

（二）悬垂直角举腿

图4-7-4　悬垂直角举腿

1. 动作描述：	两手紧握双环，两腿伸直上举，与上身呈直角（图4-7-4）
2. 完成动作的前提：	直臂悬垂
3. 使用的主要肌肉：	三角肌、髂腰肌
4. 课程学习效果体现：	腰腹力量得到提高，在吊环动作中，两腿抬高的幅度逐渐加大
5. 进阶（拓展）练习：	悬垂"V"形举腿（附录）
6. 注意事项：	绷直膝盖和脚尖，收紧腰腹，并用腰腹力量带动两腿上抬 练习器材：吊环

（三）悬垂前后分腿

图4-7-5　悬垂前后分腿

1. 动作描述：	两手紧握双环，两腿绷紧伸直，前后分开形成的夹角越大越好（图4-7-5）
2. 完成动作的前提：	垫上纵叉练习
3. 使用的主要肌肉：	三角肌、髂腰肌、大腿内外侧肌肉
4. 课程学习效果体现：	通过练习，上臂力量和腰腹力量逐渐加强，并能在恰当的活动区间内，很好地控制双腿的活动范围及姿势，两腿的柔韧性也得到提高
5. 进阶（拓展）练习：	悬垂太空漫步（附录）
6. 注意事项：	前后分腿时，双脚的膝盖不要弯曲，保持伸直的状态 练习器材：吊环

（四）悬垂左右分腿

图4-7-6　悬垂左右分腿

1. 动作描述：	两手紧握双环，两腿伸直，绷直脚尖，两腿左右分开向上举，两腿之间形成的角度越大越好（图4-7-6）
2. 完成动作的前提：	垫上横叉练习
3. 使用的主要肌肉：	三角肌、髂腰肌、股四头肌
4. 课程学习效果体现：	两腿有控制的在一定方向内抬高，两腿分开的角度越来越大
5. 进阶（拓展）练习：	蝴蝶飞飞（附录）

6. 注意事项：	练习前在垫上充分活动好髋关节，以及两腿内侧韧带。练习时脚尖，以及膝盖处绷直，髋关节充分打开。下落时两腿并拢屈膝，注意缓冲，教练员做好保护与帮助 练习器材：吊环

三、各种形式的摆动悬垂

（一）悬垂"钟摆"

图4-7-7　悬垂"钟摆"

1. 动作描述：	两手紧握双环，身体呈悬垂姿态，下肢放松（可伸直或屈膝），在教练员的帮助下，通过身体的肌肉控制，在左右水平范围内来回摆荡数次，就像来回摆动的"钟摆"（图4-7-7）
2. 完成动作的前提：	静止直臂悬垂
3. 使用的主要肌肉：	三角肌
4. 课程学习效果体现：	能够灵活运用相关的肌肉控制身体活动范围，同时对吊环运动的兴趣逐渐提高
5. 进阶（拓展）练习：	空中移动开合摆腿
6. 注意事项：	孩子在进行练习时，两臂、两肩、髋部、两腿保持正直的姿态。防止身体朝各个方向晃动，并随时做好保护与帮助工作 练习器材：吊环

（二）空中移动左右开合摆腿

图4-7-8　空中移动左右开合摆腿

1. 动作描述：	两手紧握双环，身体呈悬垂状，两腿伸直，绷直脚尖。在教练员的帮助下，身体朝前后方向摆动。当身体向前摆动时，两腿左右打开；向后摆动时，两腿并拢（图4-7-8）
2. 完成动作的前提：	原地直立两腿开合跳
3. 使用的主要肌肉：	三角肌、腰腹肌肉、腿部肌肉
4. 课程学习效果体现：	在摆动过程中，随着两腿开合并拢的难度加大，肢体的控制能力也得到了加强
5. 进阶（拓展）练习：	空中移动前后开合摆腿（附录）
6. 注意事项：	身体在前后摆动时，腰腹收紧，膝盖处绷直，并注意两腿开合的动作节奏，控制动作幅度 练习器材：吊环

（三）随风摇摆的小旗

图4-7-9　随风摇摆的小旗

1. 动作描述：	两手紧握双环，下肢动作自由放松（可伸直或屈膝）。在保持身体不移动的状态下，肩部带动身体，腰腹发力，主动左右转体，就像空中随风摇摆的小旗（图4-7-9）
2. 完成动作的前提：	静止直臂悬垂
3. 使用的主要肌肉：	三角肌、腰腹肌
4. 课程学习效果体现：	腰腹肌带动身体在悬垂旋转中的力量得到增强，能够在恰当的空间内有效地控制身体转动幅度，同时能够调整自身运动的速度和方向
5. 进阶（拓展）练习：	悬垂团身旋转（附录）
6. 注意事项：	利用手臂、肩部以及腰腹的力量带动身体左右转体，并控制好转体幅度 练习器材：吊环

四、混合悬垂

（一）悬垂"秋千"

图4-7-10 悬垂"秋千"

1. 动作描述：	两腿分别穿过双环，膝盖处弯曲，勾住双环成骑座姿态，身体团紧保持稳定，两臂加紧身体，两手紧握双环带或将环带缠绕（图4-7-10）于手臂上，起始在教练员助力"推动"的作用下，来回摆荡数次
2. 完成动作的前提：	两脚穿环成坐骑静止状
3. 使用的主要肌肉：	肱二头肌及腿部肌肉
4. 课程学习效果体现：	身体能稳定于吊环上，并在恰当的空间内展示动作技能。对体育运动的兴趣逐渐提高
5. 进阶（拓展）练习：	悬垂直腿秋千（附录）
6. 注意事项：	两腿屈腿勾住吊环时，两脚并拢，有助于提高身体在双环上的稳定性 练习器材：吊环

（二）摇摆的太空飞船

图4-7-11　摇摆的太空飞船

1. 动作描述：	两手紧握环带，单腿悬挂在两环之间的海绵上，另一只腿伸直紧靠在垫子下，并与地面呈水平方向，此时孩子的身体就像摇摆的太空飞船（图4-7-11）
2. 完成动作的前提：	两腿屈膝勾环摆动
3. 使用的主要肌肉：	肱二头肌、腰腹肌、大腿肌肉
4. 课程学习效果体现：	有控制地将身体移动到特定区域，使身体有方向性的变化移动，在练习过程中腰腹力量增强
5. 进阶（拓展）练习：	团身挂膝摇动（附录）
6. 注意事项：	悬挂腿的小腿用力勾住海绵，垫下面腿的膝盖处和脚尖处绷直，利用腰腹和大腿的肌肉力量主动向上抬高，以维持稳定，教练做好保护帮助工作 练习器材：吊环

第五章

快乐体操初级体能教学实践

本章导语： 快乐体操初级体能训练以儿童为主体，崇尚快乐的基本理念。在发展运动技能之前，儿童阶段主要依赖于基础运动技能的发展。因为涉及基础运动能力的动作在日常生活中随处可见，儿童的游戏是日常生活的一部分，包括爬行、跳跃、单脚跳、奔跑、提举、投掷和攀爬等。这些均在自主玩乐中进行。本章分别从体操的形体、柔韧、协调、力量、速度与灵敏6个方面来讲述体能教学实践的方法。所以，通过儿童体能训练实践来提高儿童的运动意识，并全面促进其基础运动技能的掌握与发展。

第一节　形体

一、跪撑静态超人

图5-1-1　跪撑静态超人

1. 动作描述：	手掌、两膝着地，跪撑在垫子上，背部平直。抬头，将左手臂缓慢将前方伸出，同时左膝盖抬起向后方伸直，做"超人"状，交替进行对侧练习，保持平稳（图5-1-1）
2. 完成动作的前提：	地面跪撑
3. 使用的主要肌肉：	手臂肌肉、腹部肌肉、大腿肌肉
4. 课程学习效果体现：	平稳地完成动作，能展现一定的空间意识，掌握身体控制力
5. 进阶练习：	将向前伸出的手臂和向后伸出的腿换成向上的方向，抬头挺胸
6. 注意事项：	对力量和平衡能力稍弱的孩子，应加强鼓励与帮助或进行退阶练习

二、仰卧举腿

图5-1-2　仰卧举腿

1. 动作描述：	孩子平躺在垫子上，接着两臂从体侧展开，手心朝下，慢慢抬起双腿，脚尖绷直，膝盖不能弯曲，整条腿保持平直状态，缓慢抬升至垂直于地面，与地面大于90°，保持3秒，慢慢放下，依次按要求完成练习（图5-1-2）
2. 完成动作的前提：	仰卧蹬车
3. 使用的主要肌肉：	小腿肌肉、大腿肌肉、腹部肌肉、手臂肌肉
4. 课程学习效果体现：	孩子举腿有一定的角度，在空中能保持3秒，完成10次以上
5. 进阶练习：	举腿的角度增大，脚尖尽量靠近头部；侧卧举腿或后支撑举腿
6. 注意事项：	练习初期不可过度要求举腿角度，鼓励孩子尽自己努力做就好，教练员应根据孩子的能力量化标准

三、背起动态超人

图5-1-3　背起动态超人

1. 动作描述：	孩子趴在垫子上，全身舒展，两臂靠近耳侧向上伸直，两脚并拢。接着以腹部和髋部为支撑点，背部、臀部收缩将手臂和大腿两头拉起，使身体呈圆滑的弧形，保持3秒，慢慢恢复到原始动作（图5-1-3）
2. 完成动作的前提：	跪撑做背部外拱和内收
3. 使用的主要肌肉：	背部肌肉、臀部肌肉、大腿肌肉
4. 课程学习效果体现：	孩子能达到一定的对动作的控制能力和平衡能力，对身体的认知能力，整体动作流畅协调
5. 进阶练习：	在背起的基础上，让两手抓住两脚，使身体呈圆弧形
6. 注意事项：	教练员要检查场地是否平整，要求孩子做动作时呼吸顺畅，保持两臂两腿伸直，两腿并拢，顶肩

四、抓脚趾

图5-1-4　抓脚趾

1. 动作描述：	孩子直体站立在垫子上，手臂自然垂于体侧，脚并拢。两手从身体两侧慢慢提起至头顶上方，合掌。接着由手掌带动手臂和上身，低头往下，慢慢让自己的头、胸、腹部尽量贴近腿部，两手抓住脚趾，注意膝盖不能弯曲（图5-1-4）
2. 完成动作的前提：	站立体前屈，两手抱腿
3. 使用的主要肌肉：	手臂肌肉、腿部肌肉、腰背肌肉
4. 课程学习效果体现：	孩子能顺利地触碰到自己的脚趾，膝盖保持平直，具有对身体的认知能力
5. 进阶练习：	抓到脚趾后静止5秒以上
6. 注意事项：	练习时需配合呼吸，向上吸气，向下呼气，保持一定的节奏

五、金鸡独立

图5-1-5　金鸡独立

1. 动作描述：	身体直立站在垫子上,手臂自然打开成侧平举,接着慢慢提起左脚,脚尖绷直,大腿与地面平行,单腿站立保持平衡后,可做各种姿势(图5-1-5)
2. 完成动作的前提：	原地单腿站立平衡
3. 使用的主要肌肉：	腿部肌肉、上臂肌肉、腰腹肌肉
4. 课程学习效果体现：	孩子能够较为平稳地完成动作,保持一定的平衡,在此基础上,激发创造力,做多种动作
5. 进阶练习：	单腿站立平衡后,另一腿向后上方抬或者延长单腿站立平衡的时间
6. 注意事项：	教练员应做好示范讲解,帮助孩子理解动作要领,对于平衡性不好的孩子,应加强鼓励与帮助

第二节 柔韧

一、跪坐压肩接支撑挺身

图5-2-1 跪坐压肩接支撑挺身

1. 动作描述：	跪撑于垫子上,背部与地面保持平直。接两腿跪坐含胸低头,两臂向前延伸,后坐压肩时胸部向下用力并尽量贴近地面,然后两臂伸直,脚背及小腿紧贴地面,接身体向前伸展挺身(图5-2-1)
2. 完成动作的前提：	跪撑
3. 使用的主要肌肉：	肩部及髋部的韧带
4. 课程学习效果体现：	孩子的肩部及髋部的韧带能够得到较好的拉伸
5. 进阶练习：	仰卧四角支撑,坐在地上,屈膝,两腿分开与肩同宽,两脚支撑手臂两侧撑地伸直,动作开始时,两手掌放于臀部外侧,手指指尖指向前方,躯干保持挺直状态
6. 注意事项：	做动作时下巴抬高,保持呼吸顺畅,逐渐加大拉伸的幅度

二、跪撑下腰

图5-2-2 跪撑下腰

1. 动作描述：	两腿分开与肩同宽成跪姿，抬头挺胸伸髋、上体后仰，直至头朝下，两手握住脚踝，向上推拱起成"桥"状（图5-2-2）
2. 完成动作的前提：	俯卧手臂支撑接抬头，后屈腿（腹部触地），脚尖靠近头部
3. 使用的主要肌肉：	身体前侧的韧带
4. 课程学习效果体现：	增强腰部的柔韧性，让孩子能够正确地掌握动作技巧
5. 进阶练习：	利用有一定高度的海绵垫，支撑两臂进行下腰练习，挺胸，肩部、髋部打开
6. 注意事项：	在练习过程中，注意做好保护工作，提醒孩子脚背绷直，并尽量减少腰腹与地面接触的面积

三、"一"字马

图5-2-3 "一"字马

1. 动作描述：	两脚前后站立，两脚逐渐滑动，直至大腿紧贴地面，进行纵叉练习（图5-2-3）
2. 完成动作的前提：	一腿向前伸直，后腿屈膝，臀部坐于后脚跟上，两手抱握前脚脚踝，上体反复向前做"俯压"动作，拉伸大腿后侧肌群
3. 使用的主要肌肉：	前腿部后侧韧带

4. 课程学习效果体现：	腿部的韧带得到较好的拉伸，髋部的灵活性得到较大的提高
5. 进阶练习：	两脚左右开立，单脚逐渐向侧向滑动，直至两腿紧贴地面，进行横叉练习
6. 注意事项：	做好充分的热身活动，练习中注意膝盖绷直，髋部放松

四、蝴蝶飞过河

图5-2-4　蝴蝶飞过河

1. 动作描述：	坐于垫上，两腿屈膝分开，两脚脚底相对，两腿上下振动，就像蝴蝶的翅膀。腰背平直，双手握住双脚（图5-2-4）
2. 完成动作的前提：	盘腿坐于垫上，腰背平直，膝盖尽量向地面处靠近
3. 使用的主要肌肉：	髋部及大腿内侧的韧带
4. 课程学习效果体现：	在练习中，髋部韧带以及大腿内侧韧带能够得到较好的拉伸，膝盖向下的幅度加大
5. 进阶练习：	两腿屈膝分开，脚底相对，上身前倾，同时两腿上下震动，两手尽力向前伸直
6. 注意事项：	髋部摆正，两膝在振动过程中，注意向下的幅度，防止拉伤

五、呈倒"V"形后踢腿

图5-2-5　呈倒"V"形后踢腿

1. 动作描述：	身体成倒"V"字形，手脚同时撑地，两腿两臂绷直，臀部抬高，上体保持稳定，左腿直立撑地，右腿绷直向上抬起至最高处，再换左腿抬起练习（图5-2-5）
2. 完成动作的前提：	两手紧握把杆，上体下压，右腿直立支撑于地面，左腿绷直向上抬起至最高处
3. 使用的主要肌肉：	支撑腿大腿后侧韧带
4. 课程学习效果体现：	支撑腿后侧韧带得到较好的拉伸，摆动腿一侧的髋关节灵活性得到提高
5. 进阶练习：	融入到游戏练习中，在保持身体稳定的前提下，在摆动腿一侧放置不同高度的气球，用脚触碰从低到高的气球
6. 注意事项：	在抬腿向上时，注意巩固身体的稳定性，膝盖始终处于绷直状态

第三节　协调教学实践

一、婴儿爬

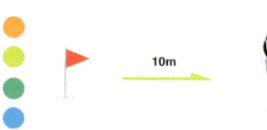

图5-3-1　婴儿爬

1. 动作描述：	孩子排成一列或几列横队面向爬行方向在标志物的一端做好准备，两脚和两手协调配合，向另一标志物行进，教师站在 对面标志物或原点组织孩子进行练习，把握练习行进的节奏（图5-3-1）
2. 完成动作的前提：	孩子能抬头挺胸，两眼平视前方，孩子俯卧在地，并能模仿婴儿依次向前爬行
3. 使用的主要肌肉：	手臂、大腿肌肉和腰背部肌肉

4. 课程学习效果体现:	锻炼婴儿手臂及下肢的协调能力,背部肌群的力量,对身体的控制能力。孩子能快速地、手脚协调配合地完成动作,获得积极的心理体验
5. 进阶练习:	膝盖离地向前爬行模仿熊爬,或改变方向或越过一定高度障碍的爬行
6. 注意事项:	两手和两脚要同时触摸到垫子,达到手脚配合练习的效果。同时目视前方,控制身体平衡,辨别方向

二、圆点训练

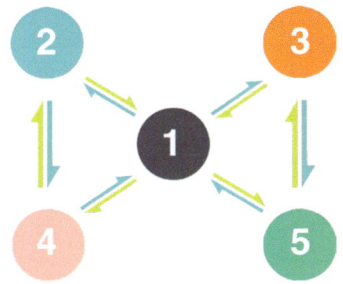

图5-3-2 圆点训练

1. 动作描述:	在地面上设置5个圆点,放置成"X"形,构成一个基本模式,中心原点是1号、左上角为2号、右上角为3号、左下角为4号、右下角为5号,向前向后跳直线跳(4-2-4或5-3-5),对角跳(2-1-5-1-2或3-1-4-1-3)(图5-3-2)
2. 完成动作的前提:	能快速向前、后退或对角斜线跳动或变向跳动的基本运动技能
3. 使用的主要肌肉:	脚踝关节韧带、小腿、大腿肌肉、躯干核心力量
4. 课程学习效果体现:	孩子能快速敏捷地向前、向后或变动方向移动,孩子身体协调平衡能力得到一定程度提升
5. 进阶练习:	"M"形训练(4-2-1-3-5),"8"字跳(2-3-1-4-5-1-2)
6. 注意事项:	避免让孩子重复一种形式的长时间耐力练习,尽可能变换多种形式

三、卫星式运球

图5-3-3　卫星式运球

1. 动作描述：	半蹲开始，腰背平直，用手拿住球，两手拿球依次从膝关节周围绕过，球不碰到膝盖（图5-3-3）
2. 完成动作的前提：	两手拿球稍稍抛出、迅速接住
3. 使用的主要肌肉：	手腕关节韧带，上臂肌群、腰腹肌肉
4. 课程学习效果体现：	孩子能够灵活地反转手腕，顺畅地将球在膝盖周围转圈，球不碰膝，球不脱手，提高孩子对自己身体的感知、控制和协调能力
5. 进阶练习：	人造卫星"8"字形回转，或相反方向的回转
6. 注意事项：	绕膝回转的过程中，屈膝、腰背平直，控制练习时间不宜过长 练习器材：球

四、夹球手接

图5-3-4　夹球手接

1. 动作描述：	立正姿势准备，将球放在两脚中间，身体跳起的同时，两脚将球夹起，到达最高点时，两脚分开，两手将球接住（图5-3-4）
2. 完成动作的前提：	孩子有一定的弹跳能力，两脚能同时起跳，达到一定高度
3. 使用的主要肌肉：	大腿肌群，腰腹核心肌群
4. 课程学习效果体现：	孩子能够顺利流畅地完成动作，手脚协调配合，体验到逐步提升的成功喜悦感
5. 进阶练习：	两脚夹球，手在背向接球或两脚夹球向前跳跑的练习
6. 注意事项：	不需要练习太长时间，每次练习3~5分钟即可，避免腿部走形，初学者可降低动作难度，增强孩子练习的自信心 练习器材：球

五、灵活的机器人

图5-3-5　灵活的机器人

1. 动作描述：	孩子扮演机器人，身体向左右摇晃，将手腕、胳膊伸直、向上、向下有韵律地机械性变动，模仿机器人慢慢走路（图5-3-5）
2. 完成练习的前提：	孩子能够直立行走，有一定的模仿、空间认知能力。
3. 使用的主要肌肉：	手臂肌肉、腿部肌肉
4. 课程学习效果体现：	孩子能够手脚协调配合，模仿变换各种形式的机器人行走，发展孩子的思维想象力
5. 进阶（拓展）练习：	手脚异侧同步练习，配合面部表情，以及声音的配合
6. 注意事项：	尽可能避免重复一种形式的练习，变换各种形式，启发孩子的智慧，提升孩子的模仿能力

第四节 力量

一、核心力量 —— 倒"V"形

图5-4-1 倒"V"形

1. 动作描述：	两手撑地与肩同宽，脚尖点地成前撑姿势，身体笔直，保持手和脚的固定，收肩提臀，使身体呈倒"V"形
2. 完成动作的前提：	前撑
3. 使用的主要肌肉：	腰腹肌肉、大腿肌肉、肩膀肌肉
4. 课程学习效果体现：	孩子可在无帮助的前提下，使身体成倒"V"形
5. 进阶练习：	熊爬
6. 注意事项：	开始练习时，保持腰背平直，手臂和大腿笔直，以肩关节和髋关节为轴运动，避免出现塌腰、屈膝、弓背等现象

二、下肢力量

（一）跳绳

图5-4-2 跳绳

1. 动作描述：	身体自然站立，两手摇绳，两脚跳绳
2. 完成动作的前提：	能完成一个或几个跳绳动作
3. 使用的主要肌肉：	腿部肌肉、躯干肌肉、手臂肌肉
4. 课程学习效果体现：	孩子可配合绳子连续跳起来

5. 进阶练习：	后甩跳绳、前甩交叉跳绳
6. 注意事项：	注意手脚协调配合，呼吸顺畅，保持安全距离 练习器材：跳绳

（二）推箱子

1. 动作描述：	将箱子置于平地上，孩子两手伸直与肩同宽固定在箱子上沿，下肢成弓步后蹬姿势，从一个目标位置推到目的地
2. 完成动作的前提：	先从质量小的箱子开始练习，或者推墙
3. 使用的主要肌肉：	腿部肌肉、手臂肌肉
4. 课程学习效果体现：	孩子在完成练习过程中，保持身体稳定，将箱子推到目的地
5. 进阶练习：	在一定坡度上进行推箱子练习
6. 注意事项：	箱子的重量适中，保持躯干平直，后蹬发力

图5-4-3　推箱子

三、上肢力量

（一）猴子爬杆

图5-4-4　猴子爬杆

1. 动作描述：	两脚用力夹杆，两手向上方交叉移动，两脚伴随向上方移动，用脚底夹杆（图5-4-4）
2. 完成动作的前提：	抱杆固定（两手交叉握杆，两脚夹杆）
3. 使用的主要肌肉：	上臂肌肉、手指手腕
4. 课程学习效果体现：	可以不用帮助，快速地爬上爬下
5. 进阶练习：	只用两手爬；爬上后学猴子摆姿势
6. 注意事项：	杆子下面一定要有厚厚的海绵垫子；开始练习一定有人保护且不可超出保护范围 练习器材：杆子、海绵垫子

（二）拉绳索

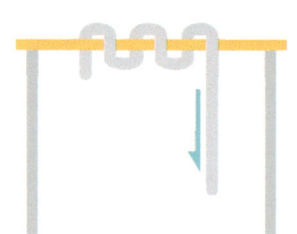

图5-4-5　拉绳索

1. 动作描述：	让一个长绳围绕光滑的杆子缠绕一圈或两圈产生阻力，孩子在绳子一端，将绳子全部拉回（图5-4-5）
2. 完成动作的前提：	拔河游戏
3. 使用的主要肌肉：	上臂肌肉、手指手腕、后背肌肉
4. 课程学习效果体现：	孩子能按规定完成牵拉程度
5. 进阶练习：	增加绳子缠绕的圈数
6. 注意事项：	场地不可太滑；孩子后面需软垫保护 练习器材：杆子、绳子、垫子

第五节　速度

一、移动速度——抢红旗

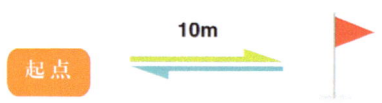

图5-5-1　抢红旗

1. 动作描述：	孩子排成两路纵队站在起跑线后，听哨声第一组开始起跑，直线跑到前方10米终点线结束，率先触碰终点红旗的孩子获胜（图5-5-1）
2. 完成动作的前提：	孩子排成两路纵队站在起跑线后，听老师哨声第一组孩子开始并腿跳，跳到前方10米终点线结束，率先触碰终点红旗的孩子获胜
3. 使用的主要肌肉：	大脑神经肌肉支配系统的反应性支配，小腿肌肉、大腿肌肉和核心腹部肌群
4. 课程学习效果体现：	孩子能够顺利快速地抢到红旗并获得幸福感
5. 进阶练习：	适当延长跑动的距离
6. 注意事项：	动作开始之前，应做好充分的热身活动，防止肌肉拉伤，在终点后应留出足够的缓冲空间 练习器材：红旗、哨子

二、反应速度

（一）小车飘移

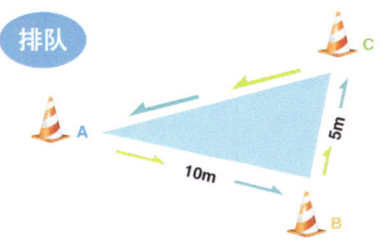

图5-5-2 小车飘移

1. 动作描述：	将3个锥形桶排成直角三角形，每个角分别命名为A、B、C，A与B之间隔10米，B与C之间隔5米，孩子一路纵队站在A锥形桶后，听教练员哨声开始起跑，第一个孩子经锥形桶A到锥形桶B，然后绕过锥形桶B，跑到锥形桶C，结束并走回队尾，第二个孩子准备（图5-5-2）
2. 完成动作的前提：	抢红旗
3. 使用的主要肌肉：	大脑神经肌肉支配系统的反应性支配，小腿肌肉、大腿肌肉和核心腹部肌群

4. 课程学习效果体现：	孩子能够快速跑到并绕过锥形桶B，然后到达锥形桶C完成比赛，锻炼身体的快速移动能力
5. 进阶练习：	当孩子跑到锥形桶C时，按原路跑回锥形桶A结束
6. 注意事项：	应做好充分的热身活动，防止肌肉拉伤，锥形桶不应过高，让孩子们注意脚下，防止被锥形桶绊倒 练习器材：锥形桶、哨子

（二）"T"形跑

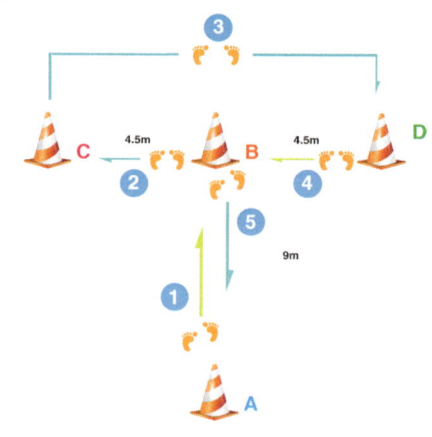

图5-5-3 "T"形跑

1. 动作描述：	将3个锥形桶排成一条直线，每个锥形桶相隔4.5米，并命为为锥形桶C、B、D。将第4个锥形桶A垂直于锥形桶B，A与B间隔9米。"T"形跑训练要求孩子站在A点始终面向前方不能改变，听到指令后，孩子快速由A点跑到B点触摸锥形桶，然后迅速侧向移动到C点触摸锥形桶后再反向滑到D点触摸锥形桶，然后滑到B点，最后倒退回A点，练习结束（图5-5-3）
2. 完成动作的前提：	孩子能够完成侧向走，倒退走练习
3. 使用的主要肌肉：	身体整体的协调控制，小腿、大腿肌肉和核心腹部肌群
4. 课程学习效果体现：	在能够完成横向移动和倒退动作，流畅完成练习
5. 进阶练习：	同样的练习，逐渐要求快速，组织小组竞赛，要求动作姿势，身体要正，身体要稳
6. 注意事项：	平坦的场地，准备好标志物，特别要注意倒退时的安全 练习器材：锥形桶

三、动作速度

（一）直线跑后投球

图5-5-4　直线跑后投球

1. 动作描述：	孩子排成一路纵队站在起跑线后，听到哨声后第一个孩子开始起跑，跑到10米外的终点处，将小皮球迅速经头顶给前方5米处的老师，完成练习，第二个孩子准备
2. 完成动作的前提：	抢红旗和头顶扔球
3. 使用的主要肌肉：	大脑神经肌肉支配系统的反应性支配，上臂肌肉、小腿肌肉、大腿肌肉和核心腹部肌群
4. 课程学习效果体现：	孩子能够迅速移动，并能够快速地将球从头顶抛出，发展上肢力量和速度
5. 进阶练习：	适当加长扔球的距离
6. 注意事项：	应做好充分的热身活动，防止肌肉拉伤。练习前，辅导员应进行扔球教学，提醒孩子扔球的角度和快速扔球 练习器材：锥形桶、哨子、小皮球

（二）蛇形跑

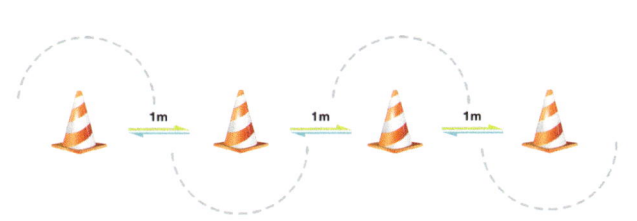

图5-5-5　"8"字形跑

1. 动作描述：	将8~10个标志盘或标志桶等距间隔1米放置在一条直线上，孩子站在距离5米的标志桶后，老师站在起点，发指令后，第一个孩子迅速向第一个标志物跑过去，从标志物的一侧绕过从下一个标志物的另一侧绕过，依次绕"8"字快速绕过最后一个标志物，转身慢跑回队尾，下一个孩子开始（图5-5-5）
2. 完成动作的前提：	孩子能够快速走绕过障碍物完成全程
3. 使用的主要肌肉：	小腿肌肉、大腿肌肉和核心腹部肌群
4. 课程学习效果体现：	能够较为流畅快速地完成练习后，可分组竞赛，培养竞争意识
5. 进阶练习：	绕"8"字快速跑过去，然后转身绕"8"字快速跑回来，进行有反向练习
6. 注意事项：	平坦的场地，准备好标志物，防止相互冲撞 练习器材：锥形桶

第六节　灵敏

一、袋鼠跳（敏捷梯）

图5-6-1　袋鼠跳（敏捷梯）

1. 动作描述：	孩子排成一路纵队面对敏捷梯站在一端，肩部与髋部与敏捷梯的横格平行。孩子双脚同时跳进第一格，然后连续跳过后面的所有格子。教练员在纵队的排头安排孩子练习（图5-6-1）

2. 完成动作的前提：	孩子排成一路纵队面对敏捷梯站在一端，肩部与髋部与敏捷梯的横格平行。开始右脚先跨进第一个格子，然后左脚跟进这个格子，并以相同的方式走完所有格子。教练员在纵队的排头安排孩子练习
3. 使用的主要肌肉：	小腿肌肉、大腿肌肉和核心腹部肌肉
4. 课程学习效果体现：	孩子能够较快速、流畅、准确地完成练习，并体现获得成功的幸福感
5. 进阶练习：	并脚侧向移动两脚跳，改变动作方向
6. 注意事项：	注意不要过多地要求孩子练习的动作，尽可能多做示范，让孩子模仿，要有耐心，场地宽敞平坦 练习器材：敏捷梯

二、芝麻开门蹦（敏捷梯）

图5-6-2　芝麻开门蹦

1. 动作描述：	孩子排成一路纵队面对敏捷梯站在一端，肩部、髋部与敏捷梯的横格平行。开始练习孩子两脚站在第一个格子里，两脚同时分开跳出第一个格子，落在第二个格子两侧，然后迅速起跳并腿两脚同时落在第三个格子，以同样的开合跳方式完成后面所有的格子。教练员在纵队的排头先做示范，再安排孩子练习（图5-6-2）
2. 完成动作的前提：	开始练习，孩子右脚先向侧前方跨进第一个格子，左脚随后进这个格子，然后右脚再跨进第二个格子，以相同的方式走完所有格子。教练员在纵队的排头先做示范

3. 使用的主要肌肉:	大脑神经肌肉支配系统、小腿肌肉、大腿肌肉和核心腹部肌肉
4. 课程学习效果体现:	孩子能够较快速、流畅、准确地完成练习,并洋溢着喜悦的幸福感
5. 进阶练习:	背向敏捷梯进行开合跳练习或进进出出练习,改变动作方向
6. 注意事项:	尽可能多做示范,让孩子模仿,要有耐心,场地宽敞平坦 练习器材:敏捷梯

三、老鹰抓小鸡

图5-6-3 老鹰抓小鸡

1. 动作描述:	选出老鹰、鸡妈妈、小鸡仔,鸡妈妈后面依次是小鸡仔们,老鹰不抓鸡妈妈,只能突破鸡妈妈的防线,抓住最后面的小鸡后,老鹰为胜。鸡妈妈为了防止老鹰抓住自己身后的小鸡仔,可以张开双臂,尽量拦住老鹰,不让老鹰抓住自己身后的小鸡仔们。鸡妈妈在阻拦的同时,可以大声喊着老鹰从哪边过来了等话语,告诉自己身后的小鸡仔们。为防止老鹰的捕捉,鸡妈妈的身体可以左右移动,与此同时,身后的小鸡仔们也随着以相同方向来转动,万一老鹰突破了鸡妈妈的防线,快要抓住最后面的小鸡仔时,小鸡仔立即蹲下,两手捂住耳朵,这样老鹰得重新站在鸡妈妈的前面,游戏重新开始。而老鹰一旦突破了鸡妈妈的防线,抓住了最后面的小鸡仔后,则老鹰赢,游戏重新开始(图5-6-3)

2. 完成动作的前提：	训练独立奔跑、侧向横跑滑步和躲闪
3. 使用的主要肌肉：	大脑神经肌肉支配系统的反应性支配，小腿肌肉、大腿肌肉和核心腹部肌群
4. 课程学习效果体现：	孩子在欢声笑语中玩游戏，跑动中表现出喜悦
5. 进阶练习：	老师扮演老鹰的角色，增加游戏的速度与激情
6. 注意事项：	场地宽敞平坦，避免附近有障碍物等，规定活动范围，注意保护，防止摔倒

四、蛇形后踢球

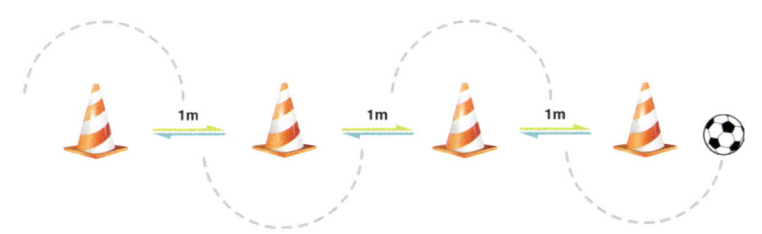

图5-6-4　蛇形后踢球

1. 动作描述：	将10个锥形桶排成一条直线，桶间相隔1米。孩子排成一路纵队站在锥形桶A后，听到哨响后第一个孩子依次绕开跑道上的锥形桶，跑到最后一个锥形桶后快速将球踢给前方5米处的教练员，以完成练习。第二个孩子准备（图5-6-4）
2. 完成动作的前提：	蛇形跑和踢球
3. 使用的主要肌肉：	大脑神经肌肉支配系统的反应性支配，小腿肌肉、大腿肌肉和核心腹部肌群
4. 课程学习效果体现：	孩子能够迅速灵活地移动，并能够快速地将球踢出，发展下肢力量和速度
5. 进阶练习：	适当增加踢球的距离
6. 注意事项：	应做好充分的热身活动，防止肌肉拉伤。练习前，应进行踢球教学，提醒踢球的角度和快速踢球 练习器材：锥形桶、哨子、球（小足球）

五、交通指挥跑

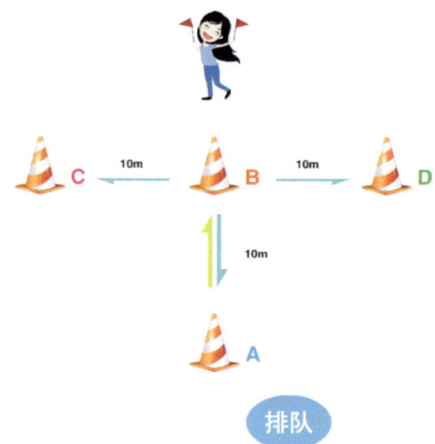

图5-6-5 交通指挥跑

1. 动作描述：	将4个锥形桶摆成"T"字形，并命名为锥形桶A、B、C、D，A与B、B分别与C、D间隔10米，孩子排成一路纵队站在锥形桶A后，听到哨声后第一个孩子开始起跑，当跑到锥形桶B时，教练员用手指挥接下来的跑动方向，孩子根据手势判断方向完成游戏（图5-6-5）
2. 完成动作的前提：	小车漂移
3. 使用的主要肌肉：	大脑神经肌肉支配系统的反应性支配，小腿肌肉、大腿肌肉和核心腹部肌群
4. 课程学习效果体现：	孩子能够快速地对方向做出反应，并能够迅速地完成比赛
5. 进阶练习：	可进行"十"字跑，在锥形桶B指挥跑动的方向
6. 注意事项：	应做好充分的热身活动，防止肌肉拉伤。放置的锥形桶不应过高，让孩子们注意脚下，防止被桶绊倒 练习器材：锥形桶、哨子

参考文献

[1] [日]前桥明. 0~5岁儿童运动娱乐指导百科[M]. 陆大江，译.上海：复旦大学出版社, 2015.11.

[2] 周登嵩, 姚蕾, 王华倬. 学校体育学[M]. 北京：人民体育出版社, 2004.

[3] Sherri Taylor, Jeff Thomson. Kids can move Teacher's Manual[M]. Canada：Gymnastic Bc, 2005.

[4] 邵伟德. 体育教学模式论[M].北京：北京体育大学出版社,2005.

[5] 毛振明. 中小学体育与健康有效教学模式[M]. 北京：北京师范大学出版, 2014.

[6] 柳克奇. 体操教学训练与方法论[M]. 长沙：湖南大学出版社, 2004.

[7] 张振华. 体育教学策略与设计[M].北京：北京师范大学出版,2012.

[8] 常蕙, 刘渤海, 常纯. 形体训练教程[M]. 北京：北京体育大学出版社,1993. 25-32

[9] 李翠玲, 李吉. 现代竞技体操创新理论与科学化训练探索[M]. 北京：中国水利水电出版社, 2014. 158-195

[10] Vern Gambetta. 竞技能力的全面发展——身体功能训练的艺术和科学[M]. 刘宇, 孙明远，译. 北京：北京体育大学出版社, 2011.

[11] Jay Dawes , Mark Roozen. Developing Agility and Quickness 灵敏训练[M]. 周建梅，译. 北京：北京体育大学出版社, 2015.

[12] 国家体育总局体操运动管理中心, 中国体操协会.全国快乐体操等级锻炼标准[S]. 2015.

[13] 国家体育总局体操运动管理中心. 全国快乐体操等级锻炼标准教法指导[S]. 2015.

[14] 李静, 梁国力. 大肌肉群发展测试（TGMD-2）研究 [J].中国体育科技, 2005, 41 (2)：105 -107.

[15] 李静, 马红霞. 儿童动作发展测试（TGMD-2）信度和效度的研究[J]. 体育学刊, 2007,14 (3) :37 – 40.

[16] 汪晓赞, 季浏, 秦海权, 金燕. 多元体育学习评价对中小孩子体育学习兴趣的影响[J].体育学刊, 2008, (12)：52 – 58.

[17] 夏彬. 中国体操人才大量萎缩注册运动员2000人美国超500万[N]. 北京青年报, 2014 – 5 – 12.

[18] 卢苇. 普及"快乐体操"理念 推动全民健身发展[N]. 中国体育报, 2014-6-10.

[19] 程凯, 周福弟. 快乐体操在中国——从加拿大英士博俱乐部开始 [EB/OL]. (2017-3-1) [2014-08-01].http://cga.sport.org.cn/dome_news/2014-08-01/443787.html.

附录一

本书涉及的体操术语及解释

1.移动技能

（1）分腿蹲向前走：深蹲下，两手抱膝，两腿分开，膝盖及脚尖朝外打开，向前走，左腿向前迈一步时，身体稍稍向右转，注意在行走的过程中，上身尽量不要起伏。

（2）分腿蹲向侧走：深蹲下，两手抱膝，两腿分开，膝盖及脚尖朝前，分别向左右一侧并步走，注意在行走的过程中，上身尽量不要起伏。

（3）绕障碍跑：在跑的基础上，设立障碍物，让孩子绕过障碍物进行跑的练习。

（4）跨域障碍跑：在跑的基础上，设立不同的奔跑环境，让孩子的不同的条件下发展奔跑以及反应灵敏的能力。

（5）跨跳：上体保持正直，两腿尽量分开，前腿屈膝呈90°，后退伸直不弯曲，当摆动腿至前时，顺势前伸小腿，做好扒地动作，要求动作连贯，蹬、摆腿同时协调用力。

（6）星星跳：成站立姿势，手臂放在身体两侧，弯曲膝盖，然后尽力垂直往上跳，同时手臂和腿部保持往上或往两侧，在落地之前，双腿应合并在一起，弯曲膝盖，成半蹲姿势，膝盖弯曲程度不应大于90°。

（7）跳转：身体笔直站立，两手臂伸直张开为准备动作。跳转时，两手向上带动身体，双脚跳起后做90°转向。

（8）提踵：两脚前脚掌自然开立，抬起脚后跟，脚尖点地，反复进行。

（9）屈膝坐：成坐立姿势，两腿放在身体前方，弯膝，贴向胸部，用两臂抱住膝盖。

2.垫上教学实践

（1）跪撑：膝与小腿前部着地，两腿并拢，上体与地面平行，手臂伸直撑于地面。

（2）分腿屈体撑：双手双膝置于垫上，双臂伸直，双腿弯曲支撑，成分腿屈体撑姿势。

（3）内屈体"V"形撑：两手两脚绷直支撑于地上，臀部高高举起，像内屈体"V"形姿势。

（4）前撑：和俯卧撑很像，身体保持笔直，全身肌肉呈紧绷状态，尤其是臀肌。背部上部应该有一个类似于乌龟撑的圆形状，手指方向指向前方.

（5）后撑：成坐立姿势，两腿笔直伸向前方，手臂放在身体两侧，手指指向脚趾方向。慢慢地抬起臀部，保证肩膀朝下至脚趾成一条直线，腹部肌肉，背部下

部肌肉，臀部肌肉成紧绷状态，肩膀抬高（肩部不能往下沉）。

3.蹦床

（1）侧分腿跳：并腿站立，两手叉腰，第一拍向上起跳时，两腿向两侧分开，第二拍向下落地，并脚落，并注意屈膝缓冲，防止膝盖受伤。

（2）前后分腿跳：两手叉腰，起跳后在空中前后直腿分腿约90°以上，随身体下落，两腿并拢，两脚同时落地。

（3）团身跳：带臂起跳（可以曲肘或直臂），起跳后在空中收腹屈腿，两手抱膝，屈膝收髋约90°，重心下落时，同时伸直身体落网。

（4）团身并腿屈体跳：起跳时，使身体成上体前屈、两腿并拢前平举的姿势腾空，然后挺身落下的动作。

（5）跪弹转体：起跳后屈膝落网，稍屈髋身体重心下沉，经跪姿弹起。跳起后，向上带动双臂，提气，髋部伸直，肩部转动带动身体转动的姿势。

（6）坐弹转体：起跳后，收腹屈体成坐姿落网，向上弹起时，带臂，以肩部带动身体转动的动作。

4.双杠

（1）"L"状悬垂：悬至在双杠上，试着通过屈膝姿势或两腿并拢姿势把腿往上举伸直，直到双腿与上身夹角为90°，呈"L"形姿态的动作。

（2）正握：两手大拇指相对并与其余四指相扣，两虎口相对紧握器械，两手与肩同宽。

（3）屈腿悬垂：两手分别正握杠，两腿用力蹬地，收腹屈腿上举。

5.跳跃

（1）助跑垂直跳：助跑5~10步，上板时，保持身体直立，与地面垂直方向起跳。

（2）挺身跳：原地起跳时，两臂积极向前上方摆动，使身体积极向上方高高腾起。收紧腰腹、梗头，接近最高点时挺直身体，然后有控制的平稳落地。

（3）团身跳：轻松助跑上板，用力摆臂提肩与充分蹬伸相结合，使身体向上高高腾起，接近最高点时用力收紧腰腹，两腿并拢弯曲，向上提靠近胸部。两手抱膝团身，最后迅速展体落地。

（4）助跑支撑屈腿跳：有节奏的加速助跑，积极踏跳。两手与肩同宽，直臂

支撑器械，提臀、屈膝前引经"蹲"的姿势。下落时，立腰，伸直双腿，展体，落地时屈膝缓冲。

（5）蹲腾跃：助跑10~15米，助跑上板，起跳腾空撑马，含胸、提背、收膝、顶肩、提手，越过马面；迅速展体，两臂斜上举，落地成站立。

6.单杠

（1）制动：在做动作的过程中，身体有意识的控制，使动作暂时处于静止状态。

（2）送肩：肩部主动向前伸展。

（3）伸髋：向后摆腿，髋部背伸的动作。

（4）走浪转体180°：（以左转为例）杠前站立，两手正握杠。左脚开始向前走三步，右脚尖带动髋、肩向左转体180°，双手快速换握，成正握。

（5）前伸：身体某部位主动从身体水平位置向前的动作。

（6）冲肩：肩膀向前方冲，从侧面肩膀两侧向前。

7.平衡木

（1）脚尖步：纵木站立，两臂侧平举，前迈腿前抬，脚背绷直，前脚掌落木，重心落在前脚掌一、二、三脚趾上，踝关节立直成高起踵，两臂经前向上至前平举。身体姿势保持挺拔，继续向前迈出第二步，两臂上举，第三步，两臂平举，第四步两臂下落至体侧的步法。

（2）柔软步：纵木站立，两臂侧平举。左腿上步，两臂经侧向下至体侧；右膝盖外开前抬，脚尖外旋，脚跟前顶，脚背绷直下压，经支撑脚踝关节内侧向前，膝盖柔和地伸直。左臂经前至前平举，右臂经侧至侧平举；右脚经脚前掌至全脚落木，重心移至右腿，两臂下落至体侧；身体姿势保持不变，继续迈出第二步。

（3）身体侧波浪：横木站立，两腿侧分与肩同宽，经半蹲重心移至一条腿上，同时髋，胸依次向重心移动的方向顶出，成一腿站立另一腿侧点地；两臂从身体一侧经体前向身体重心移动方向摆至另一侧，支撑腿手臂一侧上举，另一手臂前平举。

（4）起踵：绷直脚尖，脚跟向上向内顶，重心落在前脚掌，收腹夹臀腰部立直。

（5）收腹立腰：身体成直立姿态，腰腹不收紧，提臀。

8.吊环

（1）悬垂展体：两手紧握双环，两腿由屈腿状伸直打开，挺胸向前。

（2）悬垂V形举腿：两手紧握双环，两腿伸直上举，脚尖绷直，尽量与头部呈水平状，做成一个"V"形的姿态。

（3）悬垂太空漫步：两手紧握双环，两腿伸直，前后分立，后腿屈膝向前迈，然后伸直。此时另一只腿同样屈膝向前迈步，伸直。重复进行，像在空中走路一样。

（4）蝴蝶飞飞：两手紧握双环，两腿伸直，左右分开向上抬起到最高点与地面呈水平状，两腿然后有控制地向下降落一定的角度，两腿上下重复震动，就像蝴蝶的翅膀。

（5）空中移动左右开合摆腿：两手紧握双环，身体呈悬垂状，两腿伸直，绷直脚尖。在教练员的帮助下，身体前后摆动。当身体向前摆动时，两腿前后打开；向后摆动时，两腿交换位置前后打开。

（6）悬直团身转体：两手紧握双环，并腿屈膝，大腿主动抬高靠近胸部，团紧身体，利用两臂及腰腹的力量带动转体。

（7）悬垂直腿秋千：两腿分别穿越双环，至大腿根部，两腿打开伸直，朝向斜下方，两手紧握环带，上体直立后倾，保持稳定。

（8）团身挂膝摇动：两手紧握环带，两腿悬挂在两环之间的海绵上，两腿膝盖弯曲团身，上身前倾靠近大腿，团紧身体前后摇动。

附录二

教学案例

教学案例1

主题： 兔子跳跳乐园

年龄： 4~5岁

基本运动模式： 安全落地

课前准备： 50平方左右的场地，安全落地垫，三角垫，平衡木，儿童单杠，放松音乐

侧重学习技能：

安全对于体操练习来说是最重要的事情，因此在学习其他技术动作之前一定要先学会安全落地，本节课堂将训练学生如何安全用双脚向前，向后，向侧面落地。

附图2-1-1

附图2-1-2

√ 直体站立

√ 从高处起跳至双脚安全落地

√ 直体起跳至双脚安全落地

√ 向前，向后，向侧面跳至安全落地

热身活动（9分钟）

兔子跳跳乐：先教小朋友"向左跳两次Left Left""向右跳两次Right Right"，"原地跳Go""向下蹲Turn around""向前小跳三下Go Go Go"，播放音乐《兔子舞》，让小朋友在空地上围成一个圈（或站成一排），跟着音乐一起跳《兔子舞》。

柔韧性练习（9分钟）

每个小朋友都拿一个垫子坐好，开始柔韧训练，保证小朋友之间的间距。

活动颈部：寻找小兔子，在左边？还是在右边？还是在天上？还是在地上？绕个圈找一找？再绕一个圈找一找？

活动手臂：举起双臂超过头顶，假装是兔子长长的耳朵，放下一只手臂（合拢一只耳朵），换一只耳朵，竖起两只耳朵，放下两只耳朵，左右交替摆动耳朵，前后交替摆动耳朵。

腿部柔韧：坐下，屈体，伸出兔子耳朵（双臂），用耳朵去够脚趾头。

分腿柔韧：分腿坐，分别用"兔子耳朵"去够两边的脚，"兔子耳朵"向前伸至最远处。

技术动作训练（30分钟）

拉伸过后，让学生们练习双脚安全落地，确保各种落地的方向都练习2~3遍，向前，向后，向侧面，可以让学生站在自己的垫子中间，向各个方向跳至安全落地。

然后再让学生们从低于他们膝盖的地方，跳下至安全落地。

站在低于他们膝盖的地方，侧面跳下旋转90°至安全落地。

※ 需要注意的是，任何从高处练习安全落地所使用的盒子，都要确保其安全稳固。

走圈，搭建一个圈，包括了安全落地的练习以及其他趣味跳跃和攀爬钻等大肌肉运动练习。先展示一遍要在上面练习的动作，再让学生在上面练习3~4圈（附图2-1-3）。

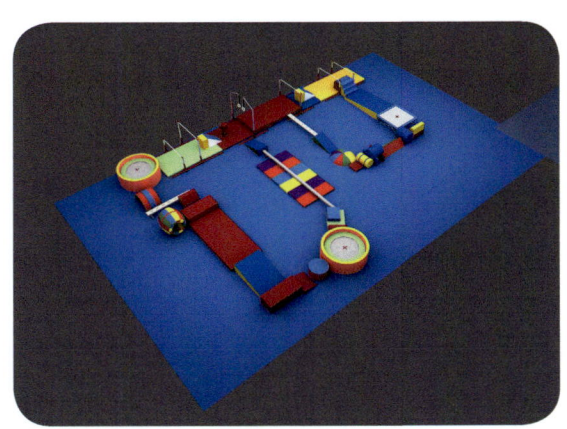

附图2-1-3

放松活动（2分钟）

让孩子坐在垫子上，播放《Snow Dream-班得瑞》按摩手臂和腿部（保持腿部笔直坐在地上按摩。）

教学案例2

本周主题： 加拿大国庆节

侧重技能： 枫叶形状跳（分腿跳），加拿北极熊爬行（四肢伸直爬），雪球滚（前滚翻、后滚翻）

关键词汇： 加拿大、红色、白色、国旗、枫叶、海狸、麋鹿、冰球、伐木工人、北极熊

热身活动： 包括1~3岁、4~5岁和6岁以上3组。

1~3岁

踩扁小泡泡： 父母亲负责摇动彩虹伞，小朋友在上面爬或跳，踩扁彩虹伞凸起的小泡泡，可以放一些小沙包、小动物，或者是一些小的、轻的物品在彩虹伞上面当作爆米花，让大家一起抖动彩虹伞，让爆米花在大家的抖动中翻滚。

爆米花： 可以放一些小沙包、小动物，或者是一些小的、轻的物品在彩虹伞上面的中间部分，大家慢慢地一起将彩虹伞举起来，跟随老师的口令迅速地将彩虹伞放下，这样上面的物品就会被高高地抛向空中。

加拿大国旗的舞动： 给学生每人一个彩带或加拿大国旗，老师放着音乐，同学们要跟着一起舞动，音乐停止，同学们也要停下来。

4~5岁

爬彩虹山： 所有人一起高举起彩虹伞再放下，大家跪在彩虹伞边上留住彩虹伞里面的空气，当老师说"爬彩虹山"时，所有人爬向彩虹伞的中间，并把彩虹伞里面的空气挤出去。

彩虹帐篷： 把头埋在彩虹伞里面，把彩虹伞拉成帐篷状。整个人都坐在彩虹伞里面，把彩虹伞拉成帐篷状。

6岁以上

猫和老鼠： 一个学生爬到彩虹伞上面扮作"猫咪"，另一个藏在彩虹伞下面扮作"老鼠"，猫咪和老鼠都只能爬着移动，边上的同学要抖动彩虹伞来帮助老鼠进行掩蔽，不要被猫咪抓住。

会挠痒的鲨鱼： 让一个小朋友到彩虹伞下面扮作"鲨鱼"，其他人都并直腿围坐在彩虹伞的周边。当大家抖动彩虹伞的时候，鲨鱼就能去挠其他人的脚，被鲨鱼挠到的小朋友也要变成鲨鱼。

伸展拉伸指南：

加拿大的冬天很冷，把腿伸直后盖上身体，把身体从头到脚盖好紧紧团住身体，假装自己是一个小雪球，往后滚一滚，拉伸竖脊肌分腿坐好，在腿前用双手铺平雪地，准备在加拿大滑雪场滑雪

项目训练：

- 训练平衡木和低双杠：模仿加拿大北极熊行走
- 三角垫：模仿雪球向前滚（前滚翻）、雪球向后滚（后滚翻）
- 盒子：复习安全落地的姿势（可以适当调高盒子的高度），落地后假装自己在加拿大滑雪场滑雪
- 双杠：支撑摆浪摆浪3次后，将腿向后摆至双杠上，变成加拿大北极熊
- 蹦床：复习分腿跳的动作，把自己当作加拿大枫叶，在蹦床上做分腿跳

情景再现

有趣的"快乐体操"课程要开始啦，今天我们的萨拉（Sara），教练和尼基（Nikki），教练要给小朋友带来什么好玩又锻炼身体的活动呢？让我们一起来看一看吧。

萨拉教练和尼基教练都是从加拿大来的，想和小朋友们分享一些加拿大的风土人情，于是她们拿出了加拿大国旗，让小朋友们都看一看国旗上漂亮的枫叶（附图2-2-1）。

附图2-2-1

然后，尼基老师要大家把自己变成一片漂亮的加拿大枫叶，模仿加拿大枫叶在风中跳跃（分腿跳），小朋友记得要把腿和手臂都伸直哦（附图2-2-2）。

附图 2-2-2

接着，萨拉教练和尼基教练又拿出了一样好玩的东西——"彩虹伞"！哇！小朋友们迫不及待要去玩彩虹伞了，可是，萨拉教练说了，只有坐得端正的小朋友才能有机会玩彩虹伞哦！

先试试看用手臂的力量甩动彩虹伞吧！（附图2-2-3）

附图 2-2-3

为了小朋友们的手臂肌肉得到了充分的锻炼，萨拉教练想给小朋友们增加点难度，试试看把加拿大的小动物们也放在彩虹伞上一起甩动起来！

小朋友们还可以自己去彩虹伞上抓一两只动物，锻炼他们的手眼协调能力！而且超级有趣！（附图2-2-4）

附图 2-2-4

一个彩虹伞可以玩出各种花样，萨拉教练又有新花招，小朋友们背躺在彩虹伞底下，用手和脚用力蹬拍彩虹伞，使手臂和腿都得到了充分的锻炼！（附图2-2-5）

附图 2-2-5

游戏过后，拉伸和伸展活动也必不可少！加拿大的冬天超级冷，尼基教练被冻得不行，赶紧把小腿伸直，小朋友们把身体从"脚趾头"盖到"脖子"盖好，一下子就暖和了！（附图2-2-6）

附图 2-2-6

知道吗？加拿大还有很多雪地，尼基教练让小朋友们双腿打开，制造一片自己的雪地，然后用手把雪地铺平（分腿拉伸）。（附图2-2-7）

附图 2-2-7

有这么多雪，当然少不了堆雪人啦！在堆雪人之前，尼基教练教小朋友们如何把自己的身体团成雪球的形状，向后滚一滚，变成更大的雪球。（附图2-2-8）

附图 2-2-8

伸展拉伸是非常重要的环节，可以提高小朋友们的身体柔韧性，肌肉和肌腱的弹性，预防运动拉伤，提高运动能力。

拉伸过后，我们就要开始体操动作训练啦！

平衡木、双杠、滚翻、支撑、安全落地，先由萨拉教练演示一遍过后，小朋友们就要自己去练习啦！小朋友们都非常认真努力！（附图2-2-9）

附图 2-2-9

训练过后,最后萨拉教练带着小朋友们一起唱歌放松,做最后的放松训练!这是小朋友最不愿意参加的环节,因为放松训练就意味着训练要结束了!课堂上对体操馆恋恋不舍的小朋友会与助教老师撕扯!(附图2-2-10)

附图 2-2-10

小朋友们今天表现得非常勇敢，尽管年纪小，但在运动和胆量上绝对称得上是小小运动员！

反思与调整：

在玩彩虹伞游戏时，孩子对使用的道具"小动物"产生了很大的兴趣，会拿着把玩，建议将小动物玩具替换成其他简单的物件，例如海绵块或小海洋球。

附录三

不同面积的场馆设计

1. 90平方米场地（附图3-1）、300平方米场地（附图3-2）

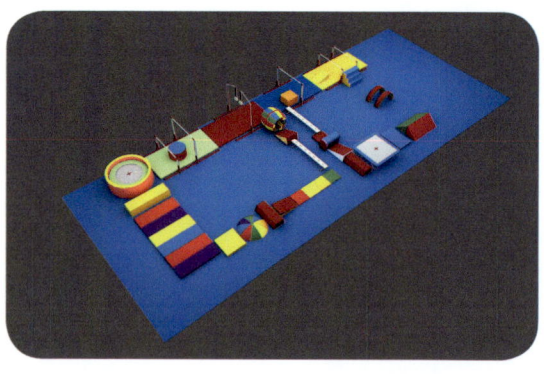
附图 3-1

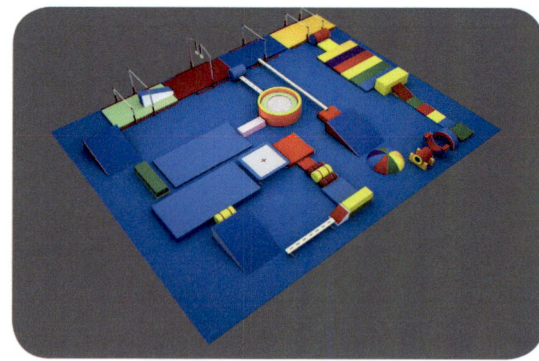
附图 3-2

2. 400平方米场地（附图3-3）、800平方米场地（附图3-4）

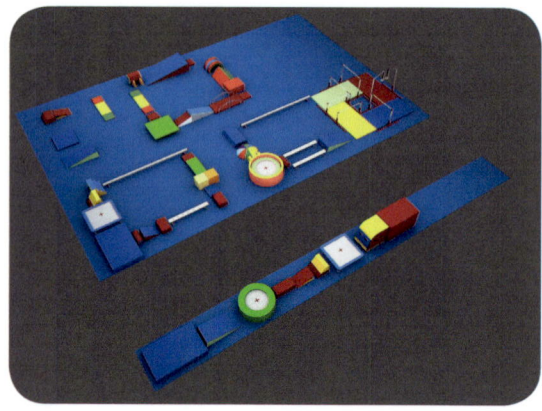
附图 3-3

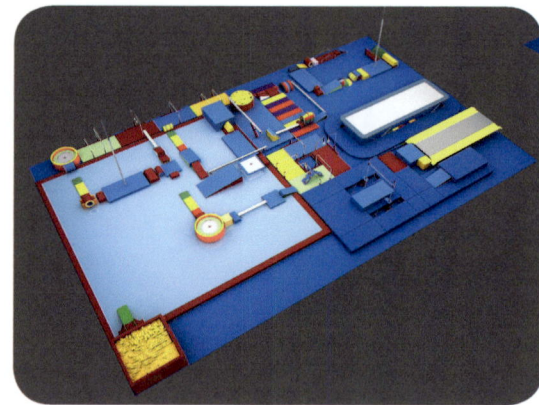
附图 3-4

附录四

特别安全提示

（1）经过教练员老师允许方能进行器械练习。

（2）在器械上一次只能有一个人练习。

（3）在快乐体操课堂中，学生必须时刻跟随教练员。

（4）只能练习教练教员过的技术动作。

（5）课前不得吃太多食物或饮用太多水。

（6）参加快乐体操课堂务必穿着宽松、柔软、弹性好的运动衣。

（7）女生长发请务必梳起。

（8）不佩戴各种金属的或玻璃的装饰物，不戴各种发卡，不别胸针、校徽、证章等。

（9）上衣、裤子口袋里不要装钥匙、小刀等坚硬、尖锐、锋利的物品。